はじめに

皆さんに質問です。

売れるセールスパーソンは、次のA、Bのうちどちらの人かわかりますか？

A　自分のことを知ってもらおうとする人
B　相手のことを知ろうとする人

答えはB「相手のことを知ろうとする人」です。

答えがわかったうえ、さらに「今、自分は売れている」という人は、今すぐ本書を閉じていただいてけっこうです。

「そうではない」という人は、もう少しお付き合いください。

今この文章をお読みになっているあなたは、仕事をがんばっていて向上心もあって、成果を出したいと思っている真面目なセールスパーソンのはずです。しかし残念ながらあまり「売れない」。だから本書を手に取ったわけですよね？

がんばっているけれど売れないセールスパーソンは、大きく分けて2つに分類されます。

1つ目は、お客様から「何だか上から目線に感じる」「売りたい気持ちが前面に出すぎているので引いてしまう」「こちらの話を聞いてくれない」と言われる人たちです。売りたい気持ちが強すぎて、威圧感を与えたり、押しすぎて逆に引かれたりしてしまうパターンです。相手の立場に立っておらず、自分都合の言葉が多いことが原因です。

2つ目は、お客様から「いい人なんだけどなあ」「何だか決め手に欠ける」「もうひと押し欲しかった」と言われる人たちです。人の話を聞くし、いい人なのですが、押しが弱いので契約まで至らないというパターンです。買う気のないお客様に時間を使いすぎたり、クロージングに使う言葉が弱かったりすることが原因です。

これらは、ちょっとした言葉づかいを改めるだけで解決できます。

売れる／売れないの違いは、優秀かそうでないか、才能やセンスの有無などよりも、ちょっとした言葉の使い方なのです。

本書に収録しているフレーズは、「私の会社員時代、最高月間売上3億円、前年比150パーセント以上を維持してきた」「これまで出会った優秀なセールスパーソンはみんなやっていた」「営業研修講師として1万人以上の売れるセールスパーソンを育てた」という裏づけがあるものばかりです。

はじめまして、大岩俊之と申します。

私は、大学でＡＩ（人工知能）を学び、数学と理科しかできなかった完全な理系人間です。卒業後、ＩＴ業界に就職し、システムエンジニアをやっていましたが、人と話すことに興味を持ち、営業職へ転身しました。

少しでも理系の知識を活かそうと、エレクトロニクスの知識が必要な電子部品業界、半導体業界などで法人営業を16年経験しました。担当先は、家電メーカー、自動車部品メーカー、工作機械メーカー、パチンコメーカーなどです。

営業未経験者の私は、お客様が話している内容や言葉の意味がわからず、おまけに小心者なので、聞き返すこともできませんでした。そのため、上司への報告もあいまいでした。完全に上司からマークされ、「今日は、何をしに行くんだ！」「○○の件は確認したのか？」「△△はどうなっているのか？」と追及される毎日です。お客様に対してもズレた回答ばかりしていたため、「担当者を変えろ！」と会社にクレームが入ったりもしました。

あるとき、「営業は向いていないからＩＴ業界に戻ろう」と考えていたら、ふと、解決策が浮かんできたのです。「お客様が望んでいることを、先回りして提供すれば喜ばれるのではないか？」「自分から提案すれば、不明点が聞きやすくなるかも？」ということでした。

・お客様から困っている情報を聞き出し、勝手に解決策を考え提案する
・お客様が求めていそうな情報を集めて持って行く
・商品ラインナップになくても、必要であれば新しく作る
・条件に合わない場合も考えて、代替案を常に用意しておく
・求められそうな資料は、事前に作成して用意しておく
・お客様に小言を言われても気にせず、不明点があったら必ず確認する

言葉の大切さを意識し、先回りするようになってから、お客様からの信頼度が上がりました。売上も前年比１５０パーセント以上、最高月間売上３億円、社内売上１位などの実績が出せるようになりました。お客様と共同で業界初の製品を開発したり、競合他社が持っていない製品を先に市場へ投入したりして、月間数億円という売上を維持してきました。自動車業界では、他社を押しのけてシェア１００パーセントを取っ

たこともあります。

その後、営業を教える研修講師となり、1万人以上を指導してきました。内訳としては、法人向け営業が8割、個人向け営業が2割といった感じでしょうか。指導した方の中には、**「今まで門前払いだった大手企業の攻略方法を見つけて受注につなげた方」「商品の説明から、話を聞いて質問をする手法に変えて、売上を2倍に増やした方」「今までの固定観念を捨て、売り込み先を変えて売上を3倍に増やした方」「売れるセールスパーソンのトークスクリプトを集めて、それを真似ることで成約率を5倍に高めた方」**などがいます。

理系出身で、システムエンジニアをやっていた経験もあることから、「システムの設計書」を作る要領で、法人営業16年、営業研修講師10年の経験を活かして、「営業の設計書」となる本書を書き上げました。売れる営業になるためのオリジナルメソッドです。営業の設計書は、「アプローチ」「ヒアリング」「企画・提案」「プレゼン」「オンライン商談」「交渉・折衝」「クロージング」「クレーム対応」など全18章からなり、営業活動の流れに沿って作っています（次ページ図）。

〈営業の設計図〉

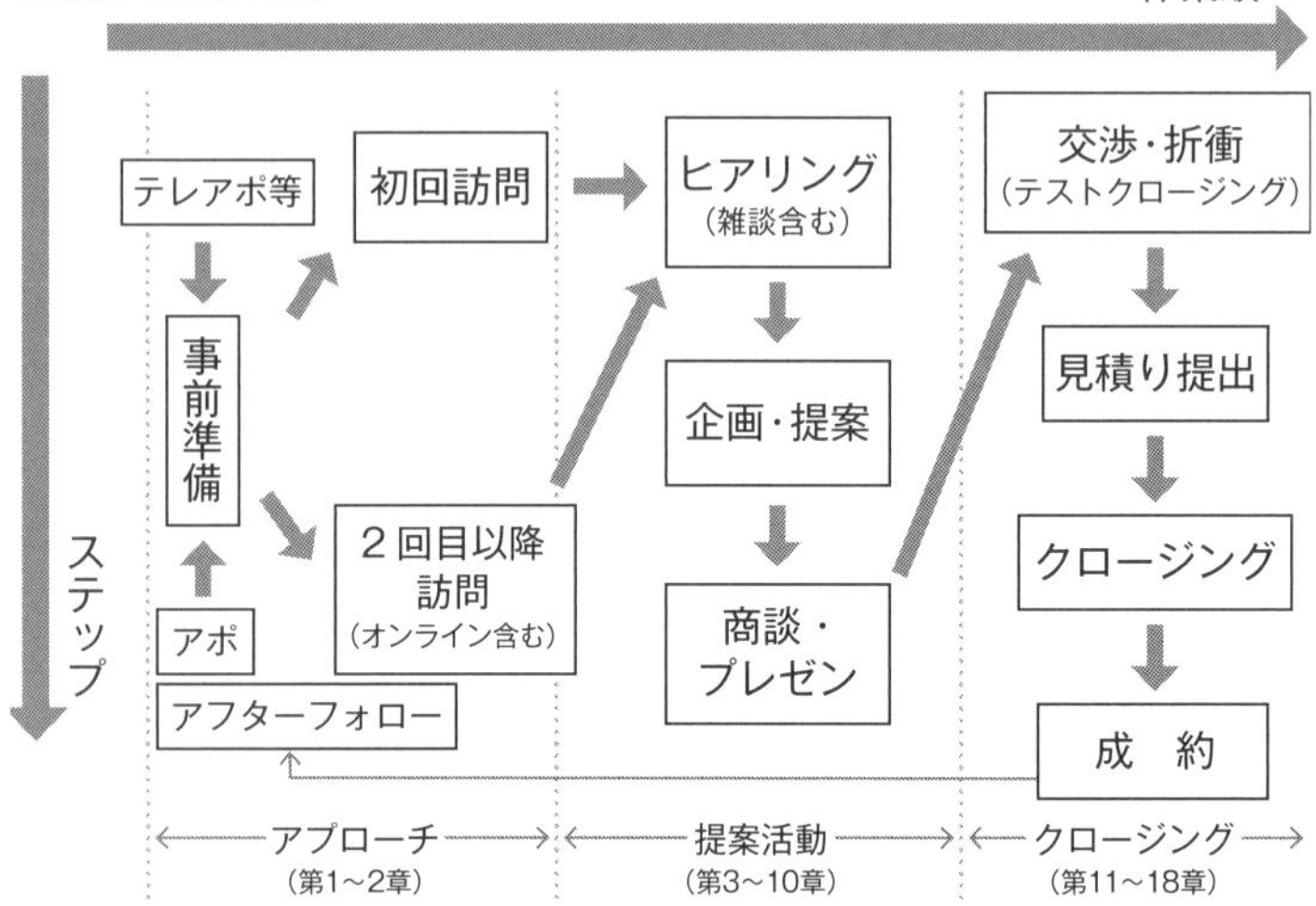

最初からお読みいただいてもいいですし、自分の苦手なところ、気になるところから読みはじめていただいてもOKです。どこから読んでも理解できるような設計となっております。

また、各章に収録した「この章のねらい」「OKワード／NGワード」「ロープレ（ロールプレイ）」「トレーニング方法」をお読みいただくことで、さらに理解を深められるようにしています。

ぜひ、本書で紹介する言葉の使い方を身につけて、売れるセールスパーソンになってください！

CONTENTS

第10章 オンラインで商談を進める

第11章 交渉・折衝の最終局面で成約するには？

第12章 会議やプレゼンをうまく進める

第13章 次の商談につなげるには？

第14章 テストクロージングをかけて購入度合いを探る

第15章 相手を不快にさせずに断るには？

第16章 クロージングをして契約してもらう

第17章 販売後（セミナー後）も関係を続けたいときは？

第18章 クレーム発生時の対応をする

ブックデザイン　bookwall
本文DTP制作　近藤真史、津久井直美
編集&プロデュース　貝瀬裕一（MXエンジニアリング）

第1章

アプローチ（新規開拓）をする

この章のねらい

現代は、モノやサービスが溢れており経済成長もしていないため、既存の取引先だけに頼っていると売上は減っていきます。新しい会社の場合は、既存の取引先がありませんので、新規でお客様を開拓する必要があります。

どのようにアプローチをすると、テレアポでアポが取れるのか、飛び込み営業で門前払いをされないのかを考える必要があります。とにかく、たくさん電話をかける、たくさん飛び込み営業をするというのも1つの方法でしょう。

最近では、営業効率も考えられるようになりました。**資料請求を受けてから電話、メール、DMなどで成約につながる見込み客を選定して、優先度の高い見込み客だけにアポを取って営業する「インサイドセールス」と呼ばれる手法もあります。** 単に、客先を訪問しない内勤営業のことをインサイドセールスと呼ぶこともあります。

たとえば、リフォーム営業では、新聞の折り込み広告を見て問い合わせがあった人のみアプローチをする反響営業、車の営業、住宅の営業などは、ディーラーや住宅展示場を訪れた人にヒアリングをして後日アプローチをする営業スタイルをとっています。法人営業では、人づてに聞いたりして、担当者の名前がわかっている場合もあります。

どのようにアプローチをするにしても、担当者（キーマン）ときちんと話ができる状況を作ることが大切です。

営業コンサルタントとして指導していると、企業の担当者がわかっているのにもかかわらず、断られるような言い方をしてしまい、取り次いでもらえないセールスパーソンをたくさん見てきました。これは言い方を変えることで改善されていきます。

飛び込み営業から2回目の訪問にこぎつけたり、テレアポでアポが取れる確率を上げたりすることがこの章のテーマです。まだ関係の浅い取引先とのやり取りも含みます。相手に悪印象を与えないよう配慮しながら、簡単に断られない伝え方を学んでいきましょう。

法則01 テレアポでいきなり悪印象を与えないために

×売れない人は

○○会社の○○と申しますが、△△の件で連絡させていただきまして～

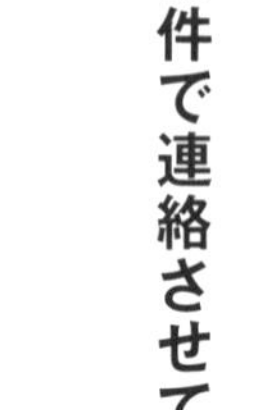

○売れる人は

○○会社の○○と申します。（相手：お世話になっております。）△△の件で連絡させていただきました。

解説

学習塾、買い取り業者、外壁塗装などの個人向け営業や、不動産投資やOA機器を扱う法人向け営業などは、電話に出た相手に「間」を与えないで「電話を切られない」ようにするために、文章を「、」でつなぎ、切れ目なく話す人が多いと感じます。

最近、自宅にかかってくるセールス電話に出てセールストークを聞いていると、ほとんどの人が「、」でつなぎ、しゃべりつづけます。早く断りたくても、その隙《すき》がありません。

この方法は、アポの件数を稼ぐ実力主義の営業には有効ですが、長期にわたって取引をする法人向け営業には不向きです。**長く取引をする法人営業では、印象が大切です。**

セールスだとわかる話し方ではなく、普通に対応したほうが「もしかしたら取引先かも」と思ってもらえます。会社名と名前を名乗り「。」で切ることで、多くの会社では「お世話になっております」と応対してくれます。そのあとに、本題を切り出すといいでしょう。

既存の取引先に対して「。」で区切らずしゃべりつづけている人もいますが、相手に与える印象は良くありません。

法則 02

テレアポでメリットを伝えるとき

× 売れない人は

お役に立てると思います

○ 売れる人は

○○を扱っており小ロット対応ができます

解説

テレアポで第一関門を突破し、話を聞いてくれる担当者につないでもらえるとします。アポを取るために、あえて商品の話をしないという業界もありますが、**一般的には「何の話なのか?」「何の会社なのか?」と用件を聞かれます。**

そこで、「お役に立てると思います」「他社と比べてもかなりお値打ちです」「細かい要望にお応えしております」など、あいまいな言葉では伝わりません。

ここでは具体的なメリットを提示することが望ましいです。

たとえば、食品用プラスチックトレイを扱っており、個人経営の飲食店で、それほど数量が必要でないと思われる場合、「持ち帰り用のプラスチックトレイを扱っており小ロット対応ができます」というような感じです。「お客様が困っている内容を解決できますよ。だから、話を聞いてください」という提案が望ましいです。アポの件数を競っている業界でなければ、電話リストに対して順番に電話をかけていくよりも、自分たちの提案内容が合いそうなお客様に絞ってアプローチをするほうが反応率は高くなります。

法則 03

テレアポで「今忙しい」と言われたとき

× 売れない人は

5分だけでもお時間をいただけないでしょうか？

○ 売れる人は

いつ頃がお手すきになりますでしょうか？

解説

テレアポに慣れていない人が導入部分の伝え方を間違えると、門前払いされてしまいます。定番の断り文句である「今忙しい」と言われ、ガチャっと電話を切られてしまうこともあります。

中には、門前払いするほどでもないが、本当に今忙しくて対応できないというケースもあります。そこで「5分だけでもお時間をいただけないでしょうか」などと粘ると、「二度と電話しないでほしい」と本当に断られてしまいます。この時点で終了です。

そんなときは「いつ頃がお手すきになりますでしょうか？」と、お客様に答えをゆだねてしまいましょう。

断り文句として「今忙しい」と言っている場合は「必要ありません」と断ってきますし、多少なりとも興味があれば「〇時ならいいですよ」と言ってもらえます。

「今忙しい」と言われたときに「断り文句」だと決めつけて、電話を切られないように切り返しトークで粘ると、かえってチャンスを逃してしまいます。**相手の発した言葉に対してだけ言葉を返すのがコミュニケーションの基本です。**

法則 04

飛び込み営業で門前払いされないために

× 売れない人は

「ご案内させてください」

○ 売れる人は

「ごあいさつにうかがいました」

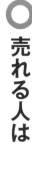

解説

　自分がセールスパーソンだった頃は売る側だったので気がつきませんでしたが、訪問される側になると、アポなしの飛び込み営業は「売りつけられそう！」と身がまえてしまいます。

　飛び込み営業自体がマイナスからのスタートにもかかわらず、いきなり商品説明を始めて、しゃべりつづける人もいます。これではうまくいくはずがありません。そもそも、1回会っただけのセールスパーソンから商品を買う人などはおらず、何度も顔を合わせ信頼関係が構築できた人から買いたいと思うのが人間の心理だからです。

　要するに、「アポなしの初めて訪問した会社で、いきなり商品を案内しても無意味」ということです。まずは、「ごあいさつにうかがいました」という感じで、「売り込み臭」を消して訪問することです。

　いろいろな業界のセールスパーソンを指導してきましたが、住宅用建材を扱う商社、人材派遣会社、会計ソフトを扱うメーカーなど、飛び込み営業でも門前払いされずに、新規顧客を増やしている人もいます。**飛び込み営業は「今しかない」と言わんばかりに自社の商品を案内するのではなく、何度も通う心づもりで訪問しましょう。**

法則 05

担当者宛てにうかがったが不在だったとき

✕ 売れない人は

資料をお渡しいただけませんか？

○ 売れる人は

何時ごろお戻りでしょうか？

解説

担当者の名前がわかっていて、あえてアポを取らずに訪問する場合や、アポを取らなくても訪問できる、書店、家電量販店、ホームセンター、ゴルフ場などに訪問する場合、訪問したものの担当者が不在であることがよくあります。

担当者の不在時にやりがちなのは「ほかの人に伝言する」ことです。

私がパソコンメーカーで家電量販店向けの営業をしていたとき、弱小メーカーだったため売り場になかなか商品を展示してもらえませんでした。担当者の不在時には、「展示してほしい」と伝言を残しましたが、展示してもらえたことはありません。

私は自分の新刊が発売されると、出版社に許可を取って親しい書店様にあいさつまわりをしますが、担当者が不在のときがあります。最初の頃は、ほかの人にPOPを預けていましたが、数日後に再訪すると、POPが付いていたり、付いていなかったりでした。**担当者に直接お渡しすれば、かなりの高確率で付けてもらえました。**

担当者がいる時間を確認し、その時間に再度訪問することが、結局、一番効果が高いのです。

法則 06

「他社製品を使っている」と言われたとき

✕ 売れない人は

なぜY社（他社）を使用されているのですか？

○ 売れる人は

Y社の製品の使い心地はいかがですか？

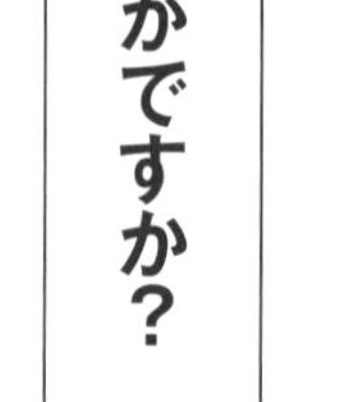

解説

新規のお客様に営業をすると「Y社（他社）の製品を使っているから！」と断られることがあります。ここで簡単に引き下がってはいけません。すでに使用されている商品やサービスを簡単に切り替えさせることはできませんが、せっかくなので、将来的にお客様になるかどうかくらいの判断をしたいものです。

多くの人は、他社製品から切り替えてもらおうと、自社製品を必死にアピールします。そのため「なぜY社を使用されているのですか？」と、「Y社を選んだ理由」にフォーカスしがちです。よほどY社に不満がない限り、詳しく教えてはもらえません。

ここでは一歩下がって「Y社の製品の使い心地はいかがですか？」と「製品」にフォーカスすることがポイントです。 特に問題なければ「問題ないよ」という答えが返ってきますし、多少なりとも不便があれば「ここが○○かな」という風に答えてくれます。結果的に、切り替えさせることができなかったとしても、どこに不満があるのかを知ることができます。

これを繰り返していくと、不満の原因には共通点があることがわかってきます。

☺OKワード

▽○月△日は、いかがでしょうか？

営業の初期段階においては、こちらが主導権を握る必要があります。そのためには、こちらから候補日を示し、お客様に決めていただいたほうがスムーズです。

▽ご担当者はどなたですか？

担当者がわからなければ、商品やサービスの紹介はできません。担当者を知るためには、こちらから聞くしかありません。

▽いつ出社されていますか？

テレワークの影響もあり、出社していないこともよくあります。その場合は、出社日を確認し、担当者と直接話せる日を確認しましょう。

▽いつお戻りになりますか？

担当者と直接話すことが、一番の近道です。外出中、昼休憩中、会議中など、理由はさまざまですが、担当者がつかまる時間にアプローチしましょう。

▽それは安心しました

「すでに使っている」「他社と取引がある」などと言われた場合は、「イラッと」する気持ちを抑えて、まずこの言葉を伝えましょう。使っているということは需要があるということです。

▽1分だけお時間をいただけませんか？

説明の時間をいただく場合は「時間は取らせません」という意思表示をします。なるべく小さな要求からスタートしたほうがいいです。小さな要求を承認させてから、だんだんと要求内容を大きくしていくテクニックは「フット・イン・ザ・ドア」と呼ばれています。

NGワード

▼お世話になります

今まで取引がないお客様に、この言葉は禁物です。すでに取引がある会社か、何度かお会いして関係のある人に使いましょう。

▼今、お時間よろしいでしょうか？

売り込みに来た相手に「時間はあります！」と答える人はいません。「はい」「いいえ」で答えられる問いかけをすると、たいてい断られます。

▼社長様はいらっしゃいますでしょうか？

○○社長と名前を言わない場合は、あきらかにセールスだとわかりますので、取り次いでもらえません。「ご担当者様」「採用ご担当者様」というのも同じです。ネットで検索して事前に調べておきましょう。

▼お忙しいところすみません

「忙しいと思うなら営業に来るな！」と思うのがお客様の本音でしょう。丁寧な言葉のつもりですが、逆効果になりかねません。

▼ご案内をさせてください

商品やサービスを紹介したいのはわかりますが、いきなり案内をして成約につながることはありません。せめて、事前にＤＭを送るなどしておきましょう。

▼また改めます

これは、時間のムダです。次に電話や訪問をしても、再びつかまらない可能性があります。確実につかまえられるように、いつならいるのかを確認すべきです。

▼日時は合わせます

なるべくお客様に失礼がないようにと配慮したつもりでしょうが、「仕事がないんだな」「ヒマなのかな」と思われる可能性が高いです。

×昭和～平成時代の切り返しトーク

お客様「他社を使っていますので必要ありません」

自分「お役に立てることがあるかもしれませんので、お話だけでもさせていただけませんでしょうか？　お時間は取らせません」

少し強引に、何とか話だけでも聞いてもらおうとしています。「時間を取らせない」とか、「すぐ終わる」というような言い訳をして粘ります。強引すぎると、相手に与える印象は悪くなります。

○令和時代の否定しない切り返しトーク

お客様「他社を使っていますので必要ありません」

自分「大変失礼いたしました。そうですよね。8割くらいのお客様がそうおっしゃいます。でも、話を聞いていただくと2割くらいのお客様が、コストが半分になっています。もしかしたら、当てはまらないかもしれません。その場合は、話を聞いていただいてから断っていただいてもかまいません。もしよろしければ、話だけでもさせていただけませんでしょうか?」

強引に話を聞いてもらうのではなく「当てはまらないかもしれませんが」と譲歩し、メリットを伝えてから、お願いをするのがベストです。断られても、印象は悪くありません。

社内でうまくいった成功事例をまとめておくといいでしょう。

自分「○○会社の□□と申します。DMをご覧いただけましたでしょうか?」
お客様「まだ見ていないけど」
自分「私どもは壁の塗り替えを提案している会社です」
お客様「知り合いに建築士がいるから必要ないんだけど」
自分「そのようにおっしゃる方が多いんですよ」
お客様「というと」
自分「建築士さんより安くできる可能性があります」

トレーニング方法

飲食店で、メニューにない飲み物、食べ物が作れるかどうか聞いてみましょう。ただし、メニューから作ることができそうなものに限ります。

○カフェやレストランで、カルピスとコーラがメニューにある
自分「カルピスコーラって作れませんか？」

○回転寿司店で、穴子寿司とカッパ巻きがある
自分「メニューにないのですが、〝あなきゅー巻き〟を作れませんか？」

店員をわざわざ呼んで、提案をするだけでも度胸がつくようになります。チェーン店では断られることがありますが、メニューから何ができるかを考えることで、ビジネスの創造力が養われます。

第2章

訪問先〈あいさつ〉で好印象を残す

この章のねらい

ビジネスにおいて、商談1回で成約できることはほとんどありません。**成約するまでに、少しでもお客様の印象に残ったほうが有利になります。**

個人向け営業は、法人営業に比べるとお客様との接触回数は少なめです。お客様がすでにチラシやホームページを見ており、問い合わせの電話があった時点で購入意欲が高いことがあります。その場合は、1回の商談で決まることがありますが、通常の営業活動では、説明→（検討）→契約と最低でも2回の商談が必要になります。検討しているお客様を納得させるために何度か出向くとすると、最低でも3~4回の商談が必要になります。

法人向け営業では、すでに取引関係にあり購入する前提で営業を呼び出しているケースを除けば、商談1回で決まることはありません。何度も何度も顔を合わせ、信用のある人（会社）から購入するのが一般的です。商品やサービスによっては、商談がまとまるまでに数年かかることも珍しくありません。その間に、顔を合わせる回数は、数え切れないでしょう。

そのため、「いかに自分をお客様の印象に残すことができるか」が、今後の商談をスムーズにできるかどうかの分かれ道になります。常に、競合他社と比較されつづけます。競合他社よりも目立つ存在でなければなりません。

せっかく、お客様先に何度も訪問するのですから、決まりきったあいさつだけではなく、何らかの工夫をしたいものです。**私がおすすめする方法は、通常のあいさつに「ひと言」付け加えることです。**たとえば、名刺交換するときに「ひと言」付け加えてみる、あいさつをするときは「○○さん」と名前を付け加えてみる、去り際にはお礼だけではなく気持ちを伝えてみるなど、できることはたくさんあります。

このちょっとした工夫を続けるだけで、少しずつではありますが、印象を大きく変えることができるのです。皆さんの意識の持ち方で、あいさつが変わります。お客様に良い印象を与えつづけましょう。この章では、あいさつで相手に好印象を残す方法を学びます。

法則 07

初めて名刺を交換するとき

× 売れない人は

○○会社の□□です（とだけ言う）

○ 売れる人は

○○会社の□□です。
お電話ではありがとうございました

解説

名刺交換の基本は、所属先の会社と自分の名前を名乗りながら、名刺を渡すことです。営業であれば当たり前の行動ですが、当たり前すぎて印象に残りません。ほかの人よりもお客様の印象に残るためには、もうひと工夫したいものです。

私がおすすめする方法は、名刺交換のあとに、「ひと言」付け加える方法です。飛び込み営業を除き、お客様と名刺交換をしているということは、直接会う前に、電話でアポを取っているはずです。場合によってはメールでアポを取っていることもあるでしょう。

名刺交換のときには、会社名と名前を名乗ることに加え、電話（メール）でのお礼を付け加えてみてはいかがでしょうか。別の人を経由して間接的にアポが取れている場合もあります。その場合は、「○○さんからのご紹介で、お時間を作っていただきありがとうございます」などと付け加えてみましょう。印象が違うはずです。

商談の場で名刺交換をする相手が多く、必要以上に会話をする時間がない場合は、手短に済ませ、商談の導入部分で「電話」でのアポや、「時間」を取っていただいたお礼を述べましょう。

法則 08

名刺交換で珍しい苗字の人がいたとき

× 売れない人は

珍しい苗字ですね

○ 売れる人は

この苗字はどちらに多いのですか?

解説

名刺交換したとき、珍しい苗字の人がいたら必ず話題にしましょう。ほとんどの人は「珍しい苗字ですね」と言う程度です。これだけでは「そうなんです。よく言われます」という感じで終わりです。

セールスパーソンの側から、もう少し深掘りをしたいものです。**「この苗字はどちらに多いのですか？」というところまで触れると、出身地の話、先祖の話などに発展しやすいです。**

私の「大岩」という苗字は、特に珍しいというわけではありませんが、学生時代、会社員時代を合わせても同じ苗字の人に出会ったことがありません。先日、研修先企業で同じ苗字の人と初めてお会いしました。相手も同じ苗字の人に出会うのは初めてだったようです。私の先祖は、愛知県の知多半島の先端なのですが、その方のルーツは、岐阜県とのことでした。いまだに印象に残っています。

メイン担当者の苗字が珍しい場合はいいのですが、サブで同席している部下や新人などの苗字が珍しく、あまりにもそちらに時間を割くと、メイン担当者が浮いてしまい機嫌を損ねることもあります。その場合は、手短に済ませましょう。

法則 09

お客様先でご担当者に会ったとき

× 売れない人は

お世話になっております（だけしか言わない）

○ 売れる人は

○○さん、お世話になっております！

解説

取引先に訪問していると、担当者に加え担当者以外の人、担当者の上司や前任担当者などにお会いします。ほとんどの人は「お世話になっております」か「いつもお世話になっております」という感じのあいさつで済ませるのではないでしょうか。

私がおすすめする方法は「○○さん、お世話になっております！」か「○○課長、お世話になっております！」という感じで、「相手の名前」＋「お世話になっております！」と呼びかけることです。名前を呼ばれてイヤな気分になる人はまずいません。

名前を呼ぶ効果は、実はこんな所にもあります。少し前に軽く紹介された程度で、お互いに顔と名前がはっきりしていない状態のときに、「○○さん、お世話になっております！」とあいさつすることで、「私の顔、よく覚えていたね！」と言ってもらえることがあります。相手がこちらのことを思い出せないときは「どちら様でしたっけ？　顔はわかるけど思い出せなくて」と確認されることもあります。私はこの方法を使って、よくホメられました。

普段から、相手の顔と名前を覚える習慣を身につけておきましょう。

法則 10

お客様先での商談のとき

× 売れない人は

御社は、そのようにお考えなのですね

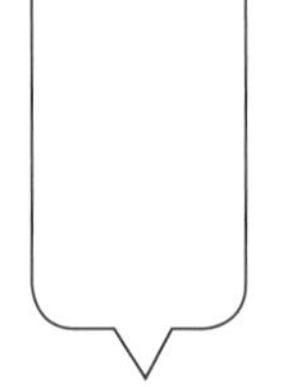

○ 売れる人は

○○さんは、そのようにお考えなのですね

解説

研修先の社員の方の営業同行をしていると、しきりに「御社は」「御社は」と連発する人がいます。もちろん正しい表現ですが、「少し硬いなあ」という印象を受けてしまいます。まだ担当者との関係が浅い場合や、上層部が出席する形式ばった商談を除くと「御社は」を連発しているうちは、お客様との距離は縮まらないような気がします。

商談をしているのは、その会社の担当者であり、一個人です。「○○さん」に話しているわけであり、会社はその先にあります。「御社は」という表現は、○○さんを飛ばしている印象を与えてしまいます。まずは、目の前にいる○○さんと話している意識を持つことが大切です。

中小企業の社長と話をする場合、意思決定権は社長にあります。「御社は」というより「○○社長は」と言ったほうが自然です。相手も名前で呼ばれたほうが気持ちがいいはずです。

一方、企業の担当者と話す場合、その担当者が意思決定をして、上司に決裁を上げるケースのほうが多いです。その場合、「御社は」というよりは「○○さんは」と言うほうが、自然ではないでしょうか。上司も「○○課長」「○○さん」と名前で呼びましょう。

法則 11

商談が終わったとき

× 売れない人は

本日はありがとうございました！（とだけ言う）

○ 売れる人は

○○課長、□□主任、
本日はありがとうございました！

解説

商談が終わりお礼を伝えるとき、ほとんどの人は「本日はありがとうございました！」と言っているはずです。他社のセールスパーソンと差をつけるため、もう「ひと言」を付け加えましょう。そうすることで、お互いにいい気持ちになれます。

「本日はありがとうございました！」というのは、商談の場を設けていただいたお礼、時間を割いていただいたお礼ですが、何だかあいまいに感じませんか？　人に対してでしょうか？　商談に対してでしょうか？　時間を取ってもらったことに対してでしょうか？

商談の場を設けてくださったのは、ご担当者の「○○さん」ですし、忙しい中、時間を割いていただいたのも○○さんです。○○さんに向けたお礼の言葉にしたほうが、確実に相手に伝わります。

私が研修をするときは、最初の1時間ほどで受講生20〜30名の顔と名前をすべて覚え、話しかけるときは、名札を見ずに「○○さん」と名前を呼びます。名前を呼んで話しかけられるのがうれしいらしく、休憩中や講座の終わりに、「名前を呼んでくれたのが良かった」と言いに来てくれる人もいるくらいです。

法則 12

お客様先からの去り際に

×売れない人は

失礼いたします

○売れる人は

本日はお会いできてうれしかったです

解説

商談をした部屋から出るとき、会社の敷地から出るときなど、去り際のあいさつは「失礼いたします」と言う人が大半でしょう。私も会社員時代は、当たり前のように使っていた言葉ですが、営業経験5年を超えたあたりから、自分の気持ちを伝えるようにしました。

たとえば、なかなかアポが取れないお客様に対しては「本日はお会いできてうれしかったです」と伝えたり、私を選んで声をかけてくださったお客様に対しては「お声がけいただきうれしかったです」と伝えたりするような感じです。

ビジネスの場面では、恥ずかしくてなかなか使いにくい言葉なのですが、効果抜群でした。これを繰り返していくと、気持ちを伝えないセールスパーソンより、確実に印象に残るようです。すぐに私の名前を覚えてもらえたので、仕事がやりやすかったです。

そのときの案件がうまくいかなくても、次の案件があれば声をかけてもらえるようになったり、こちらの手違いで迷惑をかけても大目に見てもらえたりしました。もちろん、この言葉がすべてではないでしょうが、プラスに作用することは間違いなさそうです。

😊 OKワード

▽ ○○さん、……

名前を呼ばれて、うれしくない人はいません。どんな場面でも名前で呼ぶことは、信頼関係の構築にはとても役立ちます。人の名前は確実に覚えましょう。

▽ 先日は、ありがとうございました

「ありがとうございました」とお礼を伝える場合、お礼の元となることがあるはずです。「○○の件では」「先日は」などとあわせて伝えましょう。

▽ ○○の件では、お手数をおかけしました

「お手数をおかけしました」と伝える場合、お手数をおかけした元となることがあるはずです。その元となることもあわせて伝えるといいでしょう。

▽とてもうれしいです

セールスパーソンは「お世話になっております」「ありがとうございます」など、形式的な言葉を使うことが多いので、自分の感じた気持ちを、そのまま伝えることに価値があります。

▽上司の○○が喜んでおります

自分ではなく、第三者の気持ちを伝えることは「その人も喜んでくれているんだ!」とわかり、聞いた人はとても気持ち良くなります。

▽このお名前は、何と読むのですか?

読みにくい名前だったら、そのまま相手に聞いてみましょう。そこから会話が弾むことがありますし、相手の名前を間違えて呼ぶのを防ぐことができます。また、雑談のきっかけにもなります。

NGワード

▼御社は

正しい表現なのですが、お客様との距離を近づけようと思ったら、あまり使わないほうが賢明です。話している相手は、会社ではなく目の前にいるその人ですから。

▼弊社は

正しい表現なのですが、慣れたお客様にはよそよそしいです。セールスパーソンは会社の代表ですが、社内調整能力の有無は営業個人の力によるところが大きいです。

▼お世話になっております

当たり前のようにビジネスで使われる用語です。当たり前すぎて、インパクトがありません。前に「○○さん」と名前をつけるなど工夫しましょう。

▼失礼します

当たりさわりのない言葉ですが、この言葉だけだと味気ないです。特に、去り際に使う場合は、「失礼します」と言うより、何かをしてもらった「お礼」や「気持ち」を述べたほうがいいです。

▼ありがとうございます

この言葉を使うのが苦手な人もいますので、お礼を述べる言葉としては必要です。ですが、さらに工夫をして「〇〇さん」と名前を追加したり、「いつも」と付け加えることで、より感謝が伝わるようにしたいものです。

▼お疲れ様です

つい、会社でのあいさつと間違えたり、慣れたお客様に使ったりしてしまいがちです。本来は、「相手の努力や苦労をいたわる、ねぎらう」という意味があり、目上の人が目下の人に対して使う言葉です。

ロープレ

○お客様先を訪問して、名刺交換をしたときの良い例

自分「○○会社の△△と申します。お電話ではありがとうございました」
お客様「□□会社の●●と申します。いえいえ、こちらこそ」
自分「お時間を作っていただき、ありがとうございます」
お客様「本日はよろしくお願いいたします」

少し言葉を付け加えることで、名刺を交換するだけでも話が展開していきます。ほかのセールスパーソンと違うことをすれば印象に残りやすいです。少しの違いでも積み重ねれば大きくなります。お互いに、会社名と名前を述べ名刺交換をしたあとに、「ひと言」付け加えてもいいでしょう。

自分「○○会社の△△と申します」
お客様「□□会社の●●と申します」

自分「お電話では丁寧にご対応いただき、ありがとうございました」
お客様「いえいえ、こちらこそ」

これだけでも、雰囲気は変わります。

名刺交換をする人数が多いときは、ほどほどにして、商談の導入部分で触れましょう。名刺交換がなかなか終わらなくなってしまいますから。

×お客様先を訪問し、名刺交換をしたときの悪い例

自分「○○会社の△△と申します」
お客様「□□会社の●●と申します」
自分「よろしくお願いいたします」
お客様「よろしくお願いいたします」

通常は、会社名と名前を述べるだけです。形式的なあいさつで終わります。これでは、他社のセールスパーソンと同じになってしまいます。

トレーニング方法

既存の取引先で、まだ名刺交換をしたことがない人（担当者の上司やアシスタントなど）と積極的に名刺交換をしましょう。「ひと言」を付け加える練習になります。

○担当者の上司の場合

自分「○○会社の△△と申します。□□さん（担当者名）には、いつも助けていただいています」

○担当者の事務アシスタントの場合

自分「○○会社の△△と申します。□□さん（アシスタント名）、いつもお電話ではありがとうございます」

第3章

雑談で相手を知り距離を近づける

この章のねらい

お客様との距離を縮めるためには、雑談は必要不可欠です。その場の空気を和らげてくれます。

コミュニケーションが得意な人なら、次から次へと話題が出て来るかもしれませんが、コミュニケーションが苦手な人の中には、「お客様と何を話したらいいか、いつも困っている」という人も多いでしょう。

また、いくら「コミュニケーションが得意だ」といっても、相手はお客様で立場が上になります。

苦手な人だったり、初めてのお客様で雰囲気にのまれたりして、言葉が出て来ないことがあります。私も、これまで1万回以上商談を重ねてきましたが、ある特定のタイプの人との商談では言葉に詰まって沈黙になることが多かったです。

いくつかの雑談パターンを用意しておくことで、困ったときの助けになります。

雑談の基本は、テーマの頭文字を取って**「木戸に立てかけし衣食住」**と呼ばれています。

「木」……「季節」「戸」……「道楽（趣味）」「に」……「ニュース」
「立」……「旅行」「て」……「天気」「か」……「家族」
「け」……「健康」「し」……「仕事」「衣」……「ファッション」
「食」……「食べ物、グルメ」「住」……「住まい」

関係が浅いお客様には「季節」「ニュース」「天気」の話、ある程度関係が構築できているお客様には「趣味」「仕事」「食べ物」などの話がおすすめです。この章では、お客様との距離を縮めるための雑談について学びます。

雑談は、表面的な何気ない会話から、奥が深い会話までさまざまです。

初めて訪問する会社は、信頼関係が構築できていないため、雑談のネタも工夫が必要です。たとえば、お客様の会社の近所を散策して、特徴のあるものを見つけて話題にするとか、近くの飲食店で食事をして感想を伝えるなどです。いくら知らない相手だといっても、努力したことは相手に伝わります。

法則 13

初めての訪問先でする会話は？

× 売れない人は

このあたりは初めて来ました

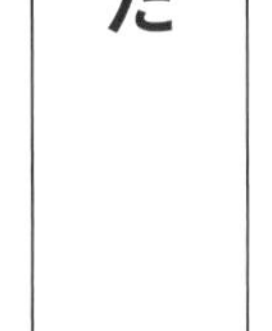

○ 売れる人は

このあたりは、交通の便がいいですよね

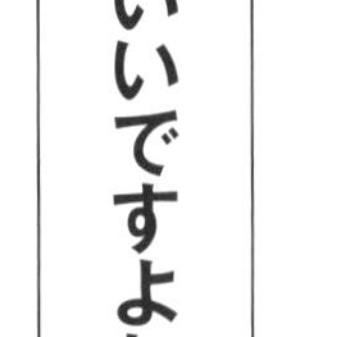

解説

新規のお客様先を訪問したとき、多くの方がまずは、その土地に関することを話題にするのではないでしょうか。特に、自分の会社から遠方であったり、普段行かない街であったりと、自分があまり知らない場所は、話題にしやすいものです。

話題にする方法は、次の2つのパターンがあります。

1つ目は、訪問した場所に「初めて来た」など、自分の経験を述べるパターン。

2つ目は、訪問した場所で実際に何かを体験して、その感想を述べるパターン。たとえば、地方であれば「景色がいい」などの感想、都市部であれば「駅から近くて便利だった」などといったことです。

相手に響くのは、後者のパターンです。少し足を伸ばして景色を見に行く、自分で電車に乗って便利、不便などの体験をするのは、自分から動かないとできないからです。その中でも、便利だった、良かったことにフォーカスするといいでしょう。

この土地に来たのは何度目かという経験は、悪くはないですが、誰でも話せる内容です。せっかくなので、少し工夫をして話題を切り出しましょう。

法則 14

初めての訪問先で沈黙を避けるために

× 売れない人は

さっそくですが（といきなり用件を切り出す）

○ 売れる人は

近くに、すごく並んでいるお店がありましたよ

解説

あまり人間関係が構築できていないお客様との会話は、よほど相手がおしゃべりな人でもない限り、沈黙はつきものです。ある程度、会話したあとの沈黙であれば、「さっそくですが」と本題に入ってもいいでしょう。ですが、ほとんど会話が続かず、気まずい雰囲気の場合は、少し場の空気を和らげてから、本題に入りたいものです。

新規のお客様先を訪問したとき、その土地に関することを話題にすると、「興味を持ってくれたんだ」と共感してもらいやすいことはすでにお伝えしました。ぜひ、少し早めに到着して、近くを散策しておきたいものです。

地方であれば、景色のいいところや人気スポットがどこかにありそうです。街中では、話題になりそうなネタが見つからないかもしれません。そんなときは、**人が並んでいる飲食店を話題にしましょう。人気がある飲食店であれば、訪問先の方も行ったことがあるはずです。**たとえ食べたことがなくても、うわさは聞いているでしょう。

営業活動に、ここまで必要かと疑問に感じる人もいるかもしれませんが、ちょっとした工夫でお客様との距離が縮まるのなら、私はやって損はないと思います。

法則 **15**

雑談が続かず会話が途切れたとき

× 売れない人は

この仕事は○年になりまして

○ 売れる人は

○○さんは、このお仕事は長いのですか？

話が途切れたときや会話のネタに困ったときに、お客様の仕事歴を聞いてみると、その会社での立ち位置が見えてきたりします。

解説

私は会社員時代、会話に困ったら、「○○さんは、このお仕事は長いのですか？」というフレーズをよく使っていました。相手の会社のこと、**人事制度などが見えてきて、組織の体質を知るいいきっかけとなりました。**

自分が思っていたより、詳しく話してくれる人が多かったです。

たとえば、今は品質管理部門にいるが、その前は、設計部門にいたことがわかると、技術的なことに詳しい人であることがわかります。転勤で今の支店に来ており、転勤が多い会社であるとわかれば、定期的に担当者が変わる可能性が高いと予測できます。

「○○さんは、このお仕事は長いのですか？」「○○さんは、この部署は長いのですか？」とお客様の今の会社での職歴を聞いてみることです。間違っても、自分の職歴を話してはいけません。自分の話は、聞かれてから話せばいいのです。

ここで注意していただきたいのは、お客様の「転職歴」ではなく、あくまで今働いている会社での職歴です。

法則 16

お客様の体型が変わったことに気づいたとき

× 売れない人は

お痩せになりました?

○ 売れる人は

最近、お変わりありませんか?

解説

お客様との距離が近くなると、つい気がゆるみ、失言をしてしまうことがあります。男性が女性に対して、体型のことに触れるのは論外ですが、**ビジネスの現場では、男性同士、女性同士でも体型に触れることはやめておいたほういいです。**ハラスメントに対して厳しい世の中ですので、注意してください。

太ったことは気にしている人が多いので、言葉に出す人は少ないかもしれません。勘違いしやすいのは、相手が痩せた場合です。痩せたことは、喜ばしいことだと勘違いして、つい、触れてしまいます。外見のことは「見て見ぬふり」をしたほうが無難です。

私の失敗談なのですが、久々にお会いしたお客様が痩せていたので「もしかしてお痩せになりました？」と質問してしまいました。実は、失恋で食欲がなくなり、痩せてしまったようです。一瞬にしてその場の空気が悪くなってしまいました。詳しくは聞きませんでしたが、失恋の仕方も大変だったようです。

「最近、お変わりありませんか？」のような言い方に変えることで、失礼のない質問になります。

法則 17

お客様が興味のあることを知りたいとき

× 売れない人は

何がお好きですか?

○ 売れる人は

お休みの日は、いつも何をされているのですか?

お客様との関係が浅いうちは、プライベートのことは聞きにくいのではないでしょうか。

解説

お客様と長期にわたって良い関係を続けていくには、相手のことを知る必要があります。相手の興味があることがわかれば、話が盛り上がりますし、話題も増えます。

そんなとき「何がお好きですか？」「趣味は何ですか？」と聞くセールスパーソンは多いです。これだと「キャンプ」「釣り」「日曜大工」というように単語が返って来るので、次の展開がしづらいです。仮に「趣味がなくて」と言われてしまうと、そこで話が終わってしまいます。コミュニケーションが苦手な人には苦しい展開です。

そこで「お休みの日は、いつも何をされているのですか？」と行動を聞いてしまったほうが、その先の話が展開しやすくなります。

「キャンプだよ」という答えが返って来た場合は、「キャンプに行っている」と捉えることができます。次の質問で「どこへ行かれるんですか？」と話を展開することができます。「ゆっくりしている」などと言われても、「映画を観たりしているんですか？」などと深掘りが可能になります。

😊OKワード

▽ご出身はどちらですか？

出身地が同じだと、共通点が見つかり意気投合しやすいです。出身地が違ったとしても、その場所が何かしらのゆかりの地だったりすると会話が弾みます。

▽最近、いかがですか？

最近の状況を聞き出すための自然な質問です。「はい」「いいえ」で答えられない質問をすることで、会話の幅を広げることができます。

▽お忙しそうですね

ビジネスマン同士なら話が盛り上がりやすいテーマです。本当に忙しい場合は、ホメられている感じがします。そうでもない場合は、「そうでもないよ」というところから会話が広がります。

▽ここ（会社）まで、どれくらいかかるのですか？

通勤時間がかかるかどうかの話ですが、通勤時間がお互いに長かったり、短かったりすると意気投合したりします。当たりさわりもなく、使いやすいテーマです。

▽今の部署には何年くらいいらっしゃるのですか？

どの部署に何年いたかなどを聞くと、相手のことを知るきっかけになったり、その会社の組織の特徴がわかったりします。

▽なぜ、このお仕事に就かれたのですか？

お客様の中には、就職や転職などで、自ら選んで今の仕事をしている人もいます。人間性が出やすい質問でもあります。

▽どんなお車に乗っているのですか？

昔のように、車にこだわる人は減りました。ですが、家族ができたからワンボックス、キャンプに行くから4WDというように、その人の生活感が出るところです。

NGワード

▼彼女（彼氏）はいるんですか？

ある程度、信頼関係が構築されるまでは、使ってはいけない質問です。自分が思うほど、お客様は自分と親しいとは思っていないからです。

▼ご結婚はされていますか？

最近は結婚していない人も増えましたし、離婚経験者も多いです。特に、結婚未経験者にとってはいい気分ではないので、自分から話題にしないようにしましょう。

▼お痩せ（太り）になりました？

体型に関することは、触れないのが一番です。女性から男性の場合は気にしない人も多いですが、男性から女性へは御法度です。セクハラになります。

▼タバコはやめたほうがいいですよ

タバコをやめた私からすると気持ちはわかりますが、人の健康について、あれやこれやと忠告すると嫌われます。

▼飲みすぎは身体に悪いですよ

体調を心配しているつもりで言う人が多いのですが、どれだけ飲むかは本人の自由なので、他人が口を挟むことではありません。

▼甘い物は太りますよ

酒好きで甘い物が苦手な人、年配の人が若い人に向けて言うことが多い言葉です。オジサンが使いがちです。太っているのはオジサンのほうです。

▼お酒が苦手とはもったいないですね

お酒が好きな人が、お酒を飲めない人に発する言葉です。アルコールハラスメントになりかねません。もったいないかどうかは、本人が決めることです。

ロープレ

○雑談で話が盛り上がるパターン

お客様「最近、テレビを買ったんですよ」
自分「何を買ったんですか？」
お客様「液晶テレビ　55型です」
自分「いいですねえ」
お客様「画面が大きくて見やすいですよ！」
自分「迫力ありそうですね」
お客様「やはり大画面はいいですねえ」
自分「いいなあ」

相手の言ったことに興味を持ち、共感する言葉を返しています。お互いに会話が弾みます。相手の会話にそのまま乗っかるというイメージです。自分の意見や考えと違っていても受け入れましょう。

×雑談で話が盛り上がらないパターン

お客様「最近、テレビを買ったんですよ」
自分「何を買ったんですか？」
お客様「液晶テレビ　55型です」
自分「何で有機ELテレビにしなかったんですか？」
お客様「ちょっと高かったので」
自分「もったいないなあ」
お客様「…………」
自分「…………」

相手の言ったことに同調せず、あくまで自分の意見を返しています。これでは、相手はしゃべる気が失せてしまいます。自分としては、家電に詳しいのでアドバイスをしているつもりでしょうが、液晶テレビを購入したという行動を否定することになってしまいます。注意しましょう。

トレーニング方法

行きつけの美容院、整体院、飲食店などで、テーマを決めて雑談を切り出す。

○関係が浅い人（身近な話題を）

自分「今日は天気がいいですね。何日連続で晴れているかな」

店員「確か、1週間は雨が降っていないと思います」

○すでに人間関係が構築できている人（最近あった出来事を）

自分「最近、すごくおいしいソースを発見してさあ」
店員「えっ、どこのソースですか？」
自分「○○ソースっていうんだけど」
店員「いくらくらいするんですか？」
自分「一般的なソースの3倍くらいかな」

第4章

良いコミュニケーションで会話をうながす

この章のねらい

良いコミュニケーションは、会話をうながし、相手から情報を引き出す助けになります。そのために必要となるのは「話を聞く」姿勢です。人の話を聞くことが、コミュニケーションの基本となります。ほとんどの人は、人の話を聞くよりも自分が話すことのほうに慣れています。

人の話を上手に聞くためには「技術」が必要で、カウンセリングやコーチングを学ぶと徹底的に叩き込まれます。「答え」「事実」「思い」などは、すべてクライアント（相談者）が持っており、「カウンセラーやコーチが勝手に判断してはいけない」という考え方です。そして、相手と良質なコミュニケーションを続けるために「相づち」「言葉の繰り返し（おうむ返し）」「接続詞」などを使い、最後まで話を聞きます。

営業活動でも同じではないでしょうか。

会話をスムーズにするためには、相手（お客様）の話をさえぎることなく、心から聞く姿勢が大切です。

「困っていることは何なのか？」「何に興味を持っているのか？」「どのように考えているのか？」「この商品に興味があるのか？　ないのか？」「買うか？　買わないか？」など、答えはすべてお客様が持っています。セールスパーソンは、お客様の話を最後まで聞かずに、自分のフィルターで判断してはいけないのです。

売れないセールスパーソンは、「売り込み」「商品説明」「営業トーク」「切り返しトーク」「自分のアピール」など、自分が話すことばかりに意識が向いています。どれだけ自分がしゃべっても、人間関係が構築できていないお客様はセールスパーソンの話を聞いていません。相手の興味がないことを、セールスパーソンがいくら流暢に話しても意味がありません。**「答えはお客様が持っている」ということを念頭において、会話を進めましょう。**

聞き上手は営業上手だともいえます。話すよりも聞くほうが難しいです。この章では、カウンセリングやコーチングで使われている「聞くスキル」を使ったコミュニケーション手法を学びます。

法則18

お客様の話に答えるとき

×売れない人は

それって○○ですよね?

○売れる人は

ええ、ええ、なるほど!(と相づちに徹する)

解説

会話の基本は、相手の話した内容に対して、相づちを打ちながら聞くことです。**相づちを打つことで、話のリズムが良くなったり、「話を聞いているよ」と合図を送ったりできるので会話が弾むようになります。**セールスパーソンには、必須のスキルです。

実は、人の話を聞くことは非常に難しく、長時間聞きつづけると疲弊します。カウンセラーなど聞くことを仕事とする人ではない限り、聞きつづけられる人はほとんどいません。つい、途中で質問をはさんだり、自分の話をしたりしてしまいます。

私が講師をするコミュニケーション研修では「相づち」を打ちながら話を聞いてもらう体験と、「スマホ」を触りながら無視しつづけられるという2つの体験をしていただきます。

話を無視された場合、ほぼ全員が「とてもつらかった」「話をする気がなくなった」と答えてくれます。逆に、「相づち」を打ちながら話を聞いてもらったときは「気持ち良く話ができた」と答えてくれます。

人の話を集中して聞きながら、相づちに徹するのは、とても大変で重要なことなのです。

法則 19

「自分はがんばっている」と言われたとき

× 売れない人は

そうなのですね！

○ 売れる人は

さすがです！　すごいです！（とホメる）

解説

日本人は、人をホメることと、人からホメられることに慣れていません。しかし、ほとんどの人が、ホメられるとうれしい気持ちになるのですから、積極的に人をホメるべきです。

私が講師をするコミュニケーション研修では、お互いにホメ合う練習をします。見た目でも、肩書でも、話している自慢話でも、いいところがあればホメまくります。ホメる人は、最初は抵抗があるものの、だんだん慣れてきます。ホメられた側は、皆さん恥ずかしがっていますが、とても気分が良さそうな表情をしています。このワークをして、不快だと感じた人はおらず、皆さんが「いい気分だった」とおっしゃいます。

相手が「がんばっている」「表彰された」「試験に合格した」など、ホメるに値する話になったら、遠慮なく、「さすがです！　すごいです！」とホメてあげてください。

ここで恥ずかしさのあまり、「そうなのですねえ」などと通常の受け答えをしてしまってはもったいないです。ただ、セールスパーソンがホメすぎると、うさん臭いと思われるケースもあるようですので、ほどほどにしましょう。

法則 20

「昨日の企画会議、ホント大変でさあ」と言われたとき

× 売れない人は

会議があったのですね

○ 売れる人は

大変だったのですね

解説

相手が発した言葉の中には、「事実」と「感情」が入り交じっています。**会話の中で感情が入っている場合は、事実よりも感情を捉えて言葉を返してあげてください。感情とは人が物事に対して抱く気持ちのことで、「疲れた」「うれしかった」「大変だった」という言葉です。**

コミュニケーション研修などで、最近あった出来事とその気持ちを話してもらいます。そのときに、事実を返した場合と、感情を返した場合では、ほとんどの人が、感情を返してもらったほうが、話を聞いてもらった感じがすると答えます。

このコーナーの冒頭にある「昨日の企画会議、ホント大変でさあ」と言うお客様の言葉の中には、「企画会議があった」という事実と、「大変だった」という感情の両方が入っています。そんなときは「大変だったのですね」と感情の部分を返してあげたほうがいいということです。感情を返す人は少ないので、これだけでも差がつきます。

お客様との関係が浅い場合は、会話の中に感情が出て来ません。それだけ、感情が入った会話というのは、貴重なのです。日頃から、感情を返すクセをつけることで、会話の中の感情を見つけやすくなります。

法則 21

「やっとイヤな上司が異動になってさあ」と言われたとき

× 売れない人は

それは良かったですね

○ 売れる人は

上司の方が異動されたのですね

解説

相手が発した言葉に対して、世間一般的な考え方、自分の考え方のフィルターを通じて言葉を返してしまうことがよくあります。右の例文のように、「やっとイヤな上司が異動になってさあ」という言葉は、「上司が異動して本当に良かった」と解釈する人がほとんどでしょう。

ですが、イヤな上司が異動しても状況が改善しなかったということもあります。それは、「イヤな上司よりもさらにイヤな上司が来た」「離れてみて初めて良さがわかった」「後輩が上司となり気分が悪い」など、聞いてみないとわからないことも多いのです。

「異動になった」と言っているだけで、「良かった」「悪かった」という内容が含まれていません。

ここでは「上司の方が異動されたのですね」と、上司が異動した事実のみをくみ取って言葉を返したほうが安全です。そのあとで「異動されてどうですか？」と質問することで、「良かった」「悪かった」という部分を教えてくれるはずです。

言葉に含まれていないことは、自分で勝手に解釈しないことをおすすめします。

法則 22

「あそこのラーメンおいしいから行ってみたら」と言われたとき

✕ 売れない人は

実は、ラーメンはあまり好きではなくて

○ 売れる人は

ぜひ行ってみます！

解説

お客様と雑談をしていると、食事の話になることがよくあります。

たいてい、**お客様の会社の近くでランチがおすすめのお店、夜の食事がおいしいお店などが中心になります。**相手が男性の場合は、お昼に食べるボリュームのあるお店、安いお店などがテーマになりやすいです。相手が女性の場合は、オシャレなお店、おいしいお店などがテーマになりやすいです。

そんなとき、**お客様との距離を近づけるために、1回はそのお店に行ってみることをおすすめします。**

「面倒だなあ……」「余計なお金を使いたくないなあ……」という気持ちでいると、必ずマイナスの言葉が出て来ます。つい「ラーメンはあまり好きではなくて」と好きではないことを伝えたり、「そうなんですかあ」と興味なさそうに対応してしまったりすると、その場の雰囲気が悪くなってしまいます。

私も過去に、興味なさそうに対応してしまったため、ほかの人に仕事を取られてしまったことがあります。何気ない会話で、お客様の印象を悪くしてしまうことがあります。皆さんも気をつけましょう。

法則 23

「この前食べたイタリアン おいしかったよ」と言われたとき

× 売れない人は

おいしいみたいですね！

○ 売れる人は

いかがでしたか？

解説

相手がプチ自慢したいような内容、たとえば、おいしいお店を見つけたとか、面白い映画を見たとか、すごく景色の良い場所に行ったなどの場合は**「いかがでしたか?」と相手に興味を示したうえで、話を深掘りしてみましょう。**きっと、たくさん話をしてくれるはずです。

売れないセールスパーソンがやってしまうのが「その店、知っていますよ」と話をさえぎってしまうことです。

一番ダメなのが、自分は行ったことがないのに「〇〇らしいですね」と、誰かから聞いて知っているということを伝えてしまうことです。知ったかぶりはいけません。これでは、お互いにマウントの取り合いになってしまいます。

もし、その店に自分が行ったことがあるのであれば、「いかがでしたか?実は私も行ったことがあるんですよ」などという感じで、**お客様の話に興味を持っているということを示してから自分の経験を話すことで、イヤな印象を与えずに会話を続けることができます。**

お客様が話しているときは、自分の話をするのではなく、相手に興味を示すコミュニケーションを心がけましょう。

☺OKワード

▽ええ、ええ

自分が話を聞く側のときは、この言葉を連発しましょう。何も受け答えをしていないのに、話が続きます。

▽なるほど

話の切れ目に、この言葉を入れると、さらに話が続くようになります。「ええ、ええ」3～4回に対して「なるほど」が1回という感じでしょうか。

▽さすがです

この言葉を使うのが苦手だという人は多いです。相手をホメるのも、ホメられるのも慣れていないからでしょう。適度に使うと、相手の気分が良くなるのは間違いありません。なるべく使いましょう。

▽○○なのですね

お客様の言葉を「聞いていますよ」と伝えるために、その言葉を要約するといいです。ただ、相手の話をそのまま返していると話が長くなるので、ポイントをひと言でまとめて返しましょう。

▽ぜひ、行ってみます

お客様に、楽しいイベントやおいしいお店などを紹介されたら、絶対にこのフレーズを使ってください。可能な限り、紹介された場所へ行き結果を報告してください。

▽ぜひ、やってみます

お客様に、早起き、読書、散歩など、何かをすることをすすめられたら、このフレーズを使ってください。継続は難しくても、せめて1回は試してください。

▽いかがでしたか？

お客様がイベントや講演会に参加したり、おいしいお店に行ったりした話になったら、必ず感想を聞きましょう。このフレーズが、相手の話に興味があるということを示す言葉になります。

NGワード

▼それは良かったですね

良かったかどうかを決めるのは話をしている側です。会社で昇進した、イヤな上司が異動したなど、良かったかどうかは本人に聞いてみないとわかりません。

▼それは大変ですね

お客様が「大変だった」と口に出した場合は使ってもいいですが、ただ単に、ネガティブな内容の話をしただけでは、大変だと思っているかどうかはわかりません。

▼○○みたいですね

この言葉は、会話した内容を受け止めずに「それなら知っていますよ」と返事をしていることになります。他人事みたいな印象を相手に与えるため、使わないようにしましょう。

▼困りますね

困っているように思える会話でも、本当に困っているかどうかは、聞いてみないとわかりません。自分の勝手な解釈で返さないことです。

▼イヤですね

イヤがっているように思える会話でも、本当にイヤがっているかどうかは、聞いてみないとわかりません。自分の勝手な解釈で返さないことです。

▼あまり好きではなくて

話が盛り上がってきたときに、このフレーズを出すと場がしらけます。相手に好きかどうか聞かれるまでは、話の流れに合わせておきましょう。

○話を聞く会話の例

自分「このあたりでランチのおいしいお店はありますか？」

お客様「○○（店名）は人気みたいだよ」

自分「いいですねえ。何系のお店ですか？」

お客様「定食屋さんで、特に唐揚げがおいしくて」

自分「唐揚げ、いいですねえ」

お客様「今度行ってみたら」

自分「ぜひ、行ってみます！」

なるべくお客様の話を受け止め、話を聞く姿勢を保つことが大切です。そして提案されたら、前向きな言葉で返すとお互いに気分が良くなります。

×NG例①

自分「このあたりでランチのおいしいお店はありますか？」
お客様「○○（店名）は人気みたいだよ」
自分「●●さんから聞きました」
お客様「そうなんだ」

自分が知っているお店の場合は、相手の話をいったん受け止めてから付け加えます。

×NG例②
自分「このあたりでランチのおいしいお店はありますか？」
お客様「○○（店名）は人気みたいだよ」
自分「何系のお店ですか？」
お客様「定食屋さんだよ」
自分「イタリアンとかありませんか？」

途中で話をさえぎるくらいなら、初めから「イタリアンのお店」を聞くべきです。

トレーニング方法

部下、後輩、友人、彼女（彼氏）、妻（夫）の話を、意見をはさまず、反論をせず、ひたすら話を聞いてみましょう。

妻「○○（息子）の進学のことで話があるんだけど」
夫「それで」
妻「近所の△△さん家が、中学から私立に行かせたじゃない」
夫「そうだよね」（「私立中学に行かせたいということ？」と質問しない）

自分の意見よりも、まず相手の話を受け止めます。身内であればあるほど結論を急ぎたくなりますが、ガマンすることが重要です。男性にありがちな、すぐに結論を求める姿勢はＮＧです。

第5章

タイプ（ソーシャルスタイル・優位感覚）別に攻略する

この章のねらい

ソーシャルスタイルの４パターン（次ページ図５－１）、優位感覚の３パターン（１０３ページ図５－２）を知り、タイプ別の伝え方を学びます。

●ソーシャルタイプの４パターン

〈ドライビングの特徴〉

負けず嫌いで、結果を重視します。創業社長に多いタイプです。このタイプには、雑談をせず結論から話します。

〈エクスプレッシブの特徴〉

みんなから注目されることを好む、明るく積極的な人です。このタイプは、ホメておだてることが必要です。

〈エミアブルの特徴〉

周囲の気持ちに敏感で、自分が話すよりも、他人の話を聞くタイプです。この

●ソーシャルスタイルの４パターン（図５－１）

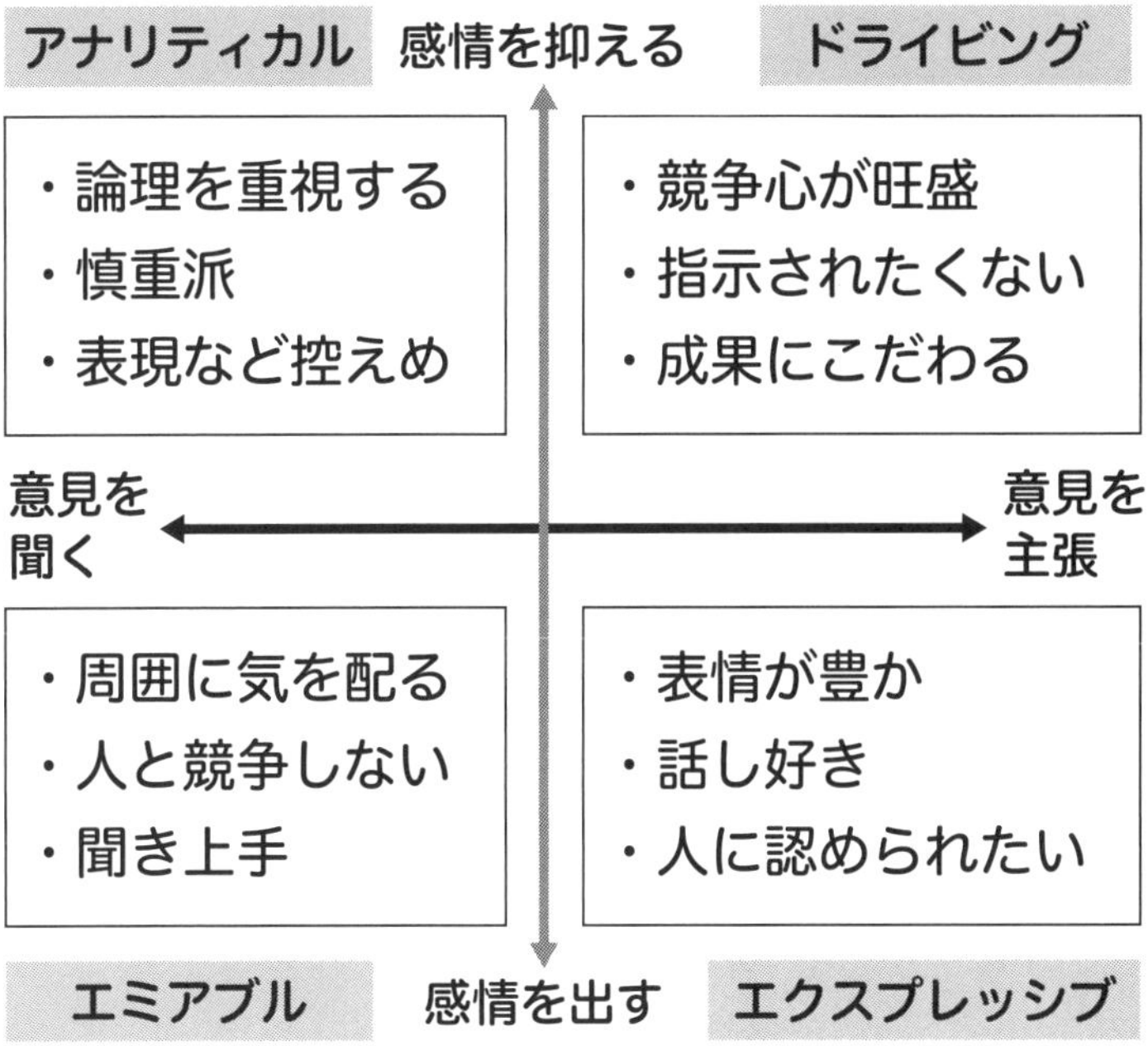

タイプは、決断できない人が多いです。

〈アナリティカルの特徴〉

感情は表に出さず、データを重視するタイプです。エンジニア、整備士などに多いです。このタイプには、根拠の説明が必要です。

●優位感覚の3パターン

〈視覚優位（V）の特徴〉

言葉より、目に見える写真や図などを好みます。商談では、写真、絵、図を見せたり、カラフルにしたりすると効果的です。

〈聴覚優位（A）の特徴〉

音に敏感で、論理的な会話が得意です。商談では、静かな場所を選んだり、論理的な説明をしたりすると効果的です。

〈体感覚優位（K）の特徴〉

動いたり触ったりして感覚をつかみます。商談では、実物を触らせたり、実機を貸し出したりすると効果的です。

●優位感覚の３パターン（図５－２）

V：視覚優位……見た目

イメージ、絵、色
表現がおおざっぱ

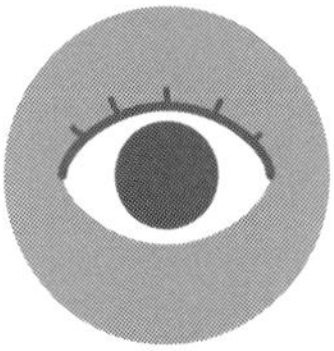

A：聴覚優位……音

論理的な会話
分析するのが得意

K：体感覚優位……感覚

感情語を使う
テンポがゆっくり

法則 24

雑談嫌いでせっかちなドライビングに対して

× 売れない人は

最近、雨が多いですよね

○ 売れる人は

今日の用件は○○です

解説

多くのセールスパーソンは、雑談をしてから商談に入ろうとしますが、唯一、雑談をしてはいけない相手が「ドライビング」に当てはまる人です。とにかくせっかちで、早く結論を知りたがります。雑談なんてしようものなら、イライラしはじめ「今日の話は何だっけ?」と急かされます。本人は悪気がないようです。

このタイプの人には、さっさと結論を話して、「買ってください!」とはっきり伝えてしまったほうが効果的です。決断が早いので、すぐに可否が決まります。通常ならば1時間程度かかるような商談であっても、10分程度で終わってしまうということが多々あります。

創業社長に多いタイプです。企業研修で会社員のソーシャルスタイルの結果を見ていると、「ドライビング」の傾向が強い人は、ほとんど見かけません。もともとは「ドライビング」の特性を持っていたとしても、会社員生活で発揮すると単なるわがままな人になってしまうので、抑えているのかもしれません。

せっかちな人に出会ったら「ドライビング」の可能性を考えましょう。元々持っている性格が「ドライビング」の人は多いです。

法則 25

ノリノリで調子がいいエクスプレッシブに対して

× 売れない人は

お子さんは、喜んでいますね

○ 売れる人は

○○さんは、子ども思いですね

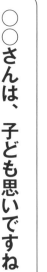

解説

「エクスプレッシブ」の特性を持つ人は、ノリノリで調子がいいのですぐにわかります。かつての私のお客様の中にも、たくさんいました。明るいので目立ちます。

このタイプの人の攻略は、とにかく、相手をおだてることです。「すごいですね！」「さすがです！」とホメまくります。ホメればホメるほど調子に乗りやすいので、相手の気分が良くなったときに、重要な話をするとうまくいきやすいです。

「人から注目されたい」という特徴がありますので、会話をするときは本人を主語にする必要があります。

たとえば、休みの日は子どものためだけに時間を使うAさんがいたとします。Aさんの子どもさんは、とてもうれしいでしょうが、そのために時間を使っているのはAさんです。

「お子さんが喜んでいる」と子どもを主語にするのではなく、「Aさんは、子ども思いですね」とAさんを主語にするのです。これで、Aさんに話題が移ります。

ちょっとした言葉づかいの差ですが、意識しておきましょう。

法則 26

優しいけれど意思表示しないエミアブルに対して

✕ 売れない人は

上司の方に相談していただけませんか？

○ 売れる人は

私から上司の方にお伝えしましょうか？

解説

「エミアブル」の特性を持つ人は、その場の雰囲気を感じ取る能力が高く、聞き上手です。

いろいろなところに気をつかう人のため、「商談はうまくいったはず」と会社員時代の私はよく勘違いをしていました。**問題は、はっきりと意思表示をしないことと、はっきりと断ってくれないことです。**

誰に対しても丁寧な対応をする人なので、売り込んだ商品が、売れる可能性があるのかないのかを見極めるのが非常に難しい相手なのです。**商談がうまくいったのか、売り込んでいる商品が気に入ったのかがわかりません。**話しやすいですが、売るのが難しい相手です。

法人営業の場合、担当者が「エミアブル」の特性を持った人ですと、なかなか上司に決裁を上げてくれないことがあります。こちらから決断を迫る必要があります。

そんなときは、担当者にまかせるのではなく「自分が上司に話をする」という旨を伝えて相手を動かすか、それでも反応がなければ、担当者の上司をつかまえて直接話をするなど、少し強引に進める必要があります。そのまま待っていると事が進みません。

法則 27

論理的に物事を考えるアナリティカルに対して

× 売れない人は

私は○○だと思います

○ 売れる人は

データは○○になります

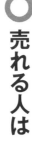

解説

「アナリティカル」の特性を持つ人は、イケイケ、ノリノリで弁が立つセールスパーソンには攻略しづらい相手です。切り返しトークなどはまったく通用しません。

とにかく、論理的に説明することを求められますし、口頭での説明ではなく、根拠を示して納得してもらう必要があります。

また、知識も豊富なので、生半可な知識では太刀打ちできません。

企業研修で人の特性を見ていると、理系出身、エンジニア、メカニック、保守サービスなど技術系の人に多いと感じます。

「アナリティカル」の特性を持つ人には、次のように対応しましょう。

- **口頭で説明しようとせず「データ」で示す**
- **説明する内容の「根拠」を用意しておく**
- **論理的に話を組み立て、わかりやすく話す**

言葉の勢いで無理矢理ねじ伏せようとするのではなく、きちんと理解してもらえるように、わかりやすい説明を心がけましょう。

法則 28 視覚（V）が優位な人に対して

× 売れない人は

大きさは縦○センチ、横○センチです

○ 売れる人は

この写真をご覧ください

解説

視覚（V）が優位な人は、目に見える情報を捉えるのが得意です。**そのため、絵、図、写真、動画などを使うと伝わりやすいです。**

最近では、ノートPCやスマホ、タブレットで商品の写真を見せたり、グラフや表を見せたりできるようになったため、このタイプの人に伝わりやすくなりました。とてもいい傾向です。

営業の商談は、お互いに話をしながら進めるので言葉が中心になります。多くのセールスパーソンがやっているのは、商品の外見を言葉で説明したり、商品の寸法を言葉で説明したりしていることです。

視覚優位の人には、**言葉だけでは伝わらないことが出て来ます。言葉だけの説明にこだわるのではなく、商品の写真に説明文を入れた資料や、サイズを入れた資料を見せるようにするといいでしょう。**

図版は白黒よりもカラーにしたほうが、相手に与える効果がアップします。このタイプの人には、視覚に訴える戦略を考えましょう。

視覚が優位なことから、写真、画像などは画質が粗いよりは、画質がきれいなほうが好まれます。今は、パソコンソフトやスマホアプリで加工できる時代です。見た目にこだわる工夫も忘れてはいけません。

法則 29

聴覚（A）が優位な人に対して

× 売れない人は

この商品は見た目がとてもきれいです

○ 売れる人は

この商品は音が静かです

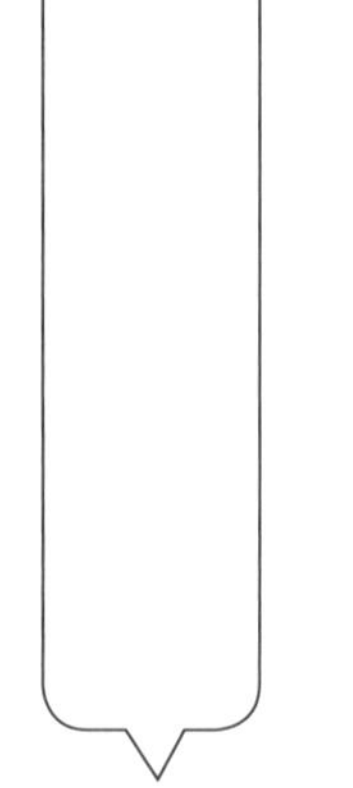

解説

聴覚（A）が優位な人は、耳で聞く情報を捉えるのが得意です。**商談では、話すスピード、リズムも大切な要素です。さらに、論理的にわかりやすく伝えることが望ましいです。**耳から聞こえる情報を重視するため、話のわかりやすさも必要なのです。

多くの人は、視覚に訴えたほうがわかりやすいと考えているため、図や写真を多用します。ですが、聴覚が優位な人には好まれません。言葉に強弱をつけたり、わかりやすく論理的に説明したりするなど、耳に訴える必要があります。

視覚や体感覚が優位な人は、音に関することを軽視しがちです。それに対して聴覚が優位な人は、音に対して敏感なため、小さな音、ノイズ、遠くから聞こえるしゃべり声、響く大きな音などを気にします。**打ち合わせをする場所も大切です。まわりがうるさいカフェでは落ち着かないため、静かなミーティングルームを用意したほうがいいです。**このタイプの人は「そんな程度の音が気になるのですか？」というようなかすかな音が気になったりするのです。

このタイプの人には、聴覚に訴える戦略を考えましょう。

法則 30

体感覚（K）が優位な人に対して

× 売れない人は

このサンプルをご覧ください

○ 売れる人は

このサンプルを触ってみてください

解説

体感覚（K）が優位な人は、動いたり触ったりして感覚をつかみます。**そのため、上手に商品の説明をしたり、図や写真で見せたりするよりも、実際に、商品を触ってもらうのが一番です。**

商品が大きくて持ち運びができない場合は、展示ルームや工場見学に来ていただきましょう。

実際に使ってみないとわからない分析器、測定器などは、一定期間貸し出すのがベストです。有形商材の場合は、触らせることです。

形がない無形商材の場合、たとえば、コーチング、カウンセリング、コンサルティングなどは、体験レッスンという形で、実際に体感していただきましょう。

たとえば、学習塾、料理教室、トレーニングジム、セミナー、企業研修などは、開催している場所まで来ていただき、実際に見て体験していただくことで伝わりやすくなります。

このタイプの人には、見た目でアピールしたり、わかりやすい説明をすることに力を入れるよりも、体感させるのが一番手っ取り早いです。車を試乗してもらうなどは、ぴったりです。

☺ＯＫワード

▽根拠は○○になります

現代のセールスパーソンは、営業トークでごまかすのではなく、エビデンス（根拠）を示す必要があります。必ず用意しておきましょう。

▽○○さんは、すごいです

ホメると気分が良くなる人が多いです。特に「エクスプレッシブ」のタイプには、おだてる言葉は効果テキメンです。

▽サンプルを用意しました

言葉で伝えるより、写真のほうが伝わりやすいです。さらに、有形商材の場合は現物を用意し、直接見せたほうが確実です。

▽音が◯◯（静かなど）です

写真、絵、図など、イメージで見せたがる人が多いですが、聴覚が優位な人には響きません。音に関することも触れるようにしましょう。

▽実際に、触ってみてください

サンプルを用意したら、実際に触っていただきましょう。触るだけではわからないものは、貸し出ししましょう。

▽上司の方に私からお話ししましょうか？

重要度が低い、乗り気でないなど、なかなか上司に決裁をはかってくれない人がいます。この言葉を使うと、ビックリして動いてくれるようになります。

▽◯◯してください

どのタイプに対しても、ストレートに要求したほうがいいです。言葉が強い気がするかもしれませんが、使いこなせるようになりましょう。

NGワード

▼○○だと思います

あいまいな言葉は、どのタイプに対しても印象が良くありませんが、特に結論を求める「ドライビング」に対してこの言葉を使うと、イライラさせてしまいます。

▼この資料に書いてあります通り……

この前置きは必要ありません。重要案件でもない限り、お客様は事前に資料を隅々まで見ません。この言葉は事前に資料を見ていることが前提になっています。

▼上司の方に確認していただけませんか？

この問いかけでは、上司に確認してくれる人と、確認してくれない人の2種類に分かれてしまいます。「重要度が低い」と判断されると、スルーされてしまいます。

▼できれば、○○していただきたいのですが……

遠慮しているつもりでしょうが「できれば」と言葉を濁すとかなりあいまいになります。はっきりと「○○してください」と伝えたほうが伝わります。

▼ご覧になってみてください

非常に遠回しな言葉です。「ご覧ください！」とはっきり伝えるべきです。

▼○○さんは、助かっていると思いますよ

本人に焦点を当てず他人に焦点を当てると、聞いている本人は気分が悪くなります。特に「エクスプレッシブ」の人には厳禁です。

▼まだ詳しく見ていないのですが

最後まで確認してから連絡するなり、全部を見て判断すべきです。「まだ途中までしか見ていませんが」など、最後まで見ていないのに「良い」「悪い」を勝手に判断しないようにしましょう。

ロープレ

○VAKを使った良い会話の例（テレビの提案）

自分「この55型有機ELテレビがおすすめです」
お客様「そうなんですね」
自分「液晶テレビに比べて映像がきれいです（V）」
お客様「へえー」
自分「後ろに大きなスピーカーを搭載しているので音がいいです（A）」
お客様「へえー」
自分「このソファに座って、映像と音を体感してください（K）」

優位感覚が不明な相手には、VAKすべてを活用した会話が有効です。

×VAKを使った悪い会話の例

自分「この55型有機ELテレビがおすすめです」
お客様「そうなんですね」
自分「液晶テレビに比べて映像がきれいです（V）」
お客様「へぇ〜」
自分「動きにも強いのでスポーツでも映像がぶれません（V）」

視覚優位（V）な人向けの会話です。視覚優位でない人には響きません。

○VAKを使った一般的な会話の例

自分「この55型有機ELテレビがおすすめです」
お客様「そうなんですね」
自分「液晶テレビと映像を比べてください（V・K）」
お客様「違いがわかります」

視覚優位（V）な人向けの会話です。比較しているので体感覚優位（K）の人にもいいかもしれません。聴覚優位（A）の人向けではありません。

トレーニング方法

身近な人を観察して、どの「ソーシャルスタイル」に当てはまるかを予測して、対応してみましょう。

世間話をしていると落ち着かない、「今日は何だっけ？」とすぐに本題に入りたがるドライビングの人には、雑談をせず、ストレートに要求してみましょう。

話を盛り上げようとする人、調子が良く元気なエクスプレッシブの人には、「○○さんは、すごいです！」と相手を主語にした話をしたり、おだててホメたりしてみましょう。

人の話をよく聞いてくれるが、すぐに決断してくれないエミアブルの人には、「○○していただけませんか！」と決断を迫るようにしましょう。

分析派で論理的な説明を求める人、エンジニアなど技術系のアナリティカルの人には、「根拠を示す」「論理的に説明する」ことを心がけましょう。

第6章

マル秘情報を聞き出すには？

この章のねらい

お客様からマル秘情報を聞き出すために必要となるのが「質問」です。質問をうまく使えるようになると、自由自在に情報を引き出せたり、相手を動かせたりします。

質問には**「オープンクエスチョン」「クローズドクエスチョン」**の2つがあります。2つの違いを理解することが、質問力を高める近道となります。

オープンクエスチョンとは、「はい」「いいえ」で答えられない質問のことです。「拡大質問」ともいわれています。たとえば、「朝ご飯は何を食べましたか？」という質問が当てはまります。「パン」「ゆで卵」「サラダ」「フルーツ」などの回答が得られます。

オープンクエスチョンは、商談の導入部で話を広げたいときや、商談内容の詳細を知りたいとき、内容を深掘りしたいときに使用します。5W1Hと組み合わせることで「Ｗｈｅｎ（いつ）」「Ｗｈｅｒｅ（どこで）」「Ｗｈｏ（だれが）」「Ｗｈａｔ（何を）」「Ｗｈｙ（なぜ）」「Ｈｏｗ（どのように）」と、内容を具体的にすることができます。

クローズドクエスチョンとは、「はい」「いいえ」で答えられる質問のことです。「限定質問」といわれています。たとえば、「朝ご飯を食べましたか？」という質問が当てはまります。この質問には「食べた」「食べていない」という回答のいずれかが得られます。

話が広がらないので使えない質問だと思っている人もいますが、「買うか」「買わないか」を迫るクロージングの場面で重宝します。もちろん、マル秘情報を聞き出すときにも活用できます。

たとえば、相手を特定して「○○さんが決裁されるのですよね？」とか、情報を聞き出せないときに「○○円が最低ラインですかね？」などと、「はい」「いいえ」の答えを迫ることができます。「はい」「いいえ」で答えてもらえなかったとしても、質問されると顔の表情にも表れますので、概略がわかったりします。

この章では、お客様から効果的に情報を聞き出す質問のスキルを学びましょう。

法則 **31**

きちんと情報を得たいとき

× 売れない人は

この案件の販売計画は決まっていますか？

○ 売れる人は

この案件は、いつから販売開始ですか？

解説

商談の初めのほうでお客様から情報を得るには、「はい」「いいえ」で答えられないオープンクエスチョン（拡大質問）を使わなければなりません。

「はい」「いいえ」で答えられるクローズドクエスチョンを使ってしまうと、話が終わってしまうからです。

「この案件は、いつから販売開始ですか？」とオープンクエスチョンで質問することにより、5W1Hにある「いつ」と時期を確認することができます。**「いつ」という質問は、商談の場面ではよく使います。**

たとえば、「いつ採用が決定しますか？」「いつから生産を開始しますか？」「いつから新しい人材が必要ですか？」「いつキャンペーンをやりますか？」「いつから切り替えをご希望ですか？」と挙げればキリがありません。

「この案件の販売計画は決まっていますか？」というようにクローズドクエスチョンで質問をしてしまうと、「決まっています」「決まっていません」という「はい」「いいえ」の回答になってしまいます。

一度このような質問をしてしまうと、よほど相手との距離が近くない限り、次の展開が難しくなってしまいます。「初期に情報を得たいときは、オープンクエスチョンを使う」と覚えておきましょう。

法則 32

決裁者を知りたいとき

× 売れない人は

決裁者はどなたですか？

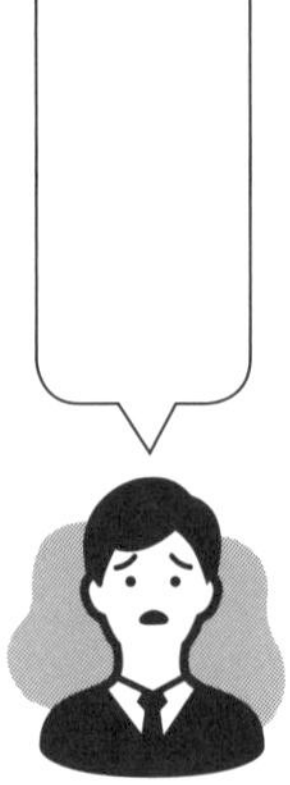

○ 売れる人は

最終判断は○○部長がされるのですよね？

解説

法人営業の場合、担当者だけの裁量で決まることはなく、決裁者に稟議を上げて承認される必要があります。

セールスパーソンは、決裁者が見てすぐに承認ができるように資料をそろえたり、根回しをしたりする必要があります。セールスパーソンが決裁者を把握するのは、とても大事な作業です。

決裁者を知るには、ストレートに「決裁者はどなたですか？」と確認する方法がありますが、信頼関係が構築できていないと簡単には教えてもらえません。ストレートすぎて、場合によっては「はっきり聞いてくるとは失礼な人だ！」と思われかねません。

私がよく使っていて、営業指導した人の中でも効果がある方法は、**「最終判断は○○部長がされるのですよね？」と「はい」「いいえ」で答えを求めるという方法です。**正しければ「はい、そうです」と答えてもらえますし、違っていれば「○○ではなく、取締役の△△です」というように答えてもらえます。

ただし、あくまでも担当者と話をしているのですから、担当者を飛ばして決裁者だけに営業をするのはやめましょう。

法則 **33**

どうしても必要な情報を聞き出したいとき

× 売れない人は

何とかお願いします！

○ 売れる人は

この話ができるのは、○○さんしかいない！

商談で話をしているのは、人と人です。ある程度、信頼関係が構築できており、名指しで期待されるようなことを言われたら、なかなかはっきりと断れないものです。

解説

企業の体質や担当者個人の性格にもよりますが、私が営業をしてきた経験上「この話ができるのは、○○さんしかいない！」と粘ると、2人に1人くらいは何らかの反応をしてくれました。はっきりと言い切ることがポイントです。

「ここだけの話だけど」と教えてくれるときもあれば、自分ではここまでしかわからないので「○○部の○○さんを訪ねてみて」と教えてくれたり、はっきりとは言えないものの「ヒントだけなら」と、情報をもらえたりしました。

話の内容が、機密事項かどうかにもよりますので、すべてが当てはまるとは言えませんが、使ってみて損はありません。

「何とかお願いします」と粘るのは、あいまいな表現です。はっきりと言い切っているわけでもなく、担当者に期待する言葉でもないので、「うーん、難しいなあ……」と、私もはぐらかされることが多かったです。

法則 34

相手が希望する価格を聞き出すとき

× 売れない人は

○○円になりますがいかがですか?

○ 売れる人は

ご予算はおいくらくらいですか?

解説

何度もヒアリングを重ね、こちらから提出した見積もりが、先方の希望価格とあまりにもかけ離れていると、採用の検討すらしてもらえません。営業サイドは、時間をかけて見積もり金額をはじき出したにもかかわらず、時間のムダになってしまいます。

値段が決まっている商品以外は、ヒアリングをせずに「○○円になりますがいかがですか？」と一方的に値段を提示することは好ましくありません。

セールスパーソンは、お客様が求める相場感を事前につかんでおく必要があります。

お客様が求めている相場のイメージがつかめないときは、初めから「いくらで商品を購入したいのか？」「プロジェクトの予算はいくらなのか？」など、詳細を聞いてしまったほうが早いです。

購入する側の予算は、だいたい決まっていますのでたいてい教えてもらえるはずです。

先方の予算通りにはいかないかもしれませんが、基準はわかります。その基準を元に見積もりを作成し、商談を重ねていけばいいのです。

法則 35

競合の状況を聞き出すとき

×売れない人は

他社さんも検討されていますか?

○売れる人は

他社さんの状況はいかがですか?

解説

法人のお客様、個人のお客様ともに、1社だけと話をして買うか買わないかの結論を出す人はあまりいません。たいてい数社と話をしてから、1つの会社を選ぶというプロセスがあります。

法人の場合は、価格にシビアなこともあり、数社から見積もりを取って価格を比較することが規定で決められている場合もあります。

自社の製品が相当優れている、企画設計の段階から入り込んで他社が入り込む隙がない場合を除いては、競合は必ず存在すると思っておいたほうがいいです。

ここで「他社さんも検討されていますか?」と「はい」「いいえ」で答えられる質問をしてしまうと、「検討していますよ」「今回は御社だけです」くらいしか聞き出せません。

競合は必ず存在するという前提で「他社さんの状況はいかがですか?」と、「はい」「いいえ」で答えられない質問をしたほうが確実です。こちらは「状況」を聞いているので、「競合はほかにもいますよ。でも、見積もりはこれからです」とか「今回、競合は数社あるので、その中から公正に選びます」などと答えてくれます。

法則 36

事実を知りたいとき

× 売れない人は

よろしかったら教えていただけませんか？

○ 売れる人は

それは○○という意味でしょうか？

解説

お客様とセールスパーソンとの間には、目に見えない壁があります。常に、同じ場所にいるわけではないので、よほど気が合う関係でもない限り、すべての言葉が通じ合うことはありません。ですが、お客様は相手が知っているという前提で話を進めてしまうときがあります。

そんなときは、会話の中で「?」が浮かんだら、タイミングを見計らって「それは○○という意味でしょうか?」と確認するようにしましょう。

話を途中でさえぎってしまうのはよくありませんので、「そうなんですね」と話を受け止めたあとに「それは○○という意味でしょうか?」と確認してください。

会話のリズムの中で繰り出す質問は、相手も反射的に反応せざるを得ません。

丁寧に話しているつもりなのでしょうが、話をいったん切って「よかったら教えていただけませんか?」と質問をする人がいますが、話のリズムが悪くなるので、質問する内容によっては相手がかまえてしまいます。

聞きにくいことを質問する場合は、会話のリズムに意識を向けるようにしましょう。

法則 37

「こんなことを聞いていいか」と迷ったとき

×売れない人は

だいたいわかりました

○売れる人は

ちょっと失礼なことをお聞きしますが～

解説

本当は詳しく聞きたいのに、なかなか聞けないこともあります。セールスパーソンは「自分は何でも知っている人」でありたいので、「えっ、知らないのですか!?」と言われることがとても辛いのです。「だいたいわかりました」とその場では持ち帰り、あとから一生懸命に調べたり、ほかの人に聞いたりする人も多いはずです。

私が会社員時代、何でも丁寧に教えてくれる購買担当者がいました。その方が異動になり、後任の担当者にも同じように聞いてしまい「あなた、こんなことも知らなくてよく営業をやっているよね。いい加減にしなさい！」とどなられたことがあります。

それ以来、何でもかんでもストレートに質問しづらくなりましたが、聞かなければならないことはたくさんあります。

そこで質問の前に、前置きをするようになりました。「こちらの勉強不足で申し訳ありませんが」と前置きして聞いたり、担当者のプライベートなことに触れるときは「ちょっと失礼なことをお聞きしますが」と前置きしたりするようになりました。

前置きした言葉がクッションになっており、会話を和らげてくれます。

😊 OKワード

▽決裁者は○○さんですか？

決裁者らしき人の名前を挙げることで、「よく知っているな」という印象を与えます。合っていれば「はい」と答えてくれますし、間違っていれば「実は、○○です」と言ってくれるケースが多いです。

▽それはどういう意味でしょうか？

わかったふりをせず、気になることはどんどん深掘りをしましょう。そうすると、真のニーズが見えてくることがあります。

▽ご予算はおいくらくらいですか？

相場感や値決めがわからない場合は、初めから「プロジェクトの予算」「いくらで検討しているか」などを聞いてしまったほうが早いです。

▽いつから○○ですか？

「いつ」というキーワードは、営業には欠かせません。「いつ決定するのか」「いつ発売するのか」など、詳細を聞くには必須ワードです。

▽他社さんの状況はいかがですか？

競合他社がいることを前提で質問をしてしまえば、相手は「競合がいるのか」「競合がいないのか」を答えざるを得ません。

▽失礼なことをお聞きしますが

聞きにくいことは「失礼なことをお聞きしますが」と前置きをすれば、たいていのことは答えてくれます。もちろん、良識のある範囲で使うのが前提です。

▽だいたいでいいので（言える範囲でいいので）

競合の価格を聞き出したいときは、だいたいの価格を尋ねてみましょう。こちらから予想した価格を言うと、顔の表情などで何となくわかることがあります。

NGワード

▼決裁者はどなたですか？

お客様との信頼関係がしっかり構築できていれば、この質問のようにストレートに聞いてしまってもいいですが、信頼関係が浅い場合には、ストレートすぎます。

▼他社さんも検討されていますか？

この聞き方をすると、相手に警戒をされます。「していますよ」「ちょっと言えません」「していません」というように、「はい」「いいえ」で答えられてしまうので、深掘りしにくくなります。

▼○○円になりますが、いかがですか？

いきなり値段を示して購入を迫るのではなく、もっと背景を確認してから最適な値段を提示する必要があります。

▼だいたいわかりました

わかっていないから「だいたい」と前置きをする人が多いです。よくわかっていないなら、きちんと確認をしてください。「だいたい」という言葉は、お客様から重要なことを引き出すときに使いましょう。

▼本音で話し合いませんか

お客様に「本音で」と伝えても、本音では話してくれません。そもそも買う側がセールスパーソンを警戒していることを知ってください。お客様との関係が浅いと、なかなか本音で対応してもらえません。

▼どうして教えていただけないのですか？

教えてもらえないのは理由があるからです。粘ってもムダです。「聞き方が悪い」「まだ信用されていない」「機密事項で教えられない」「1社に話すとほかの会社にも話す必要が出て来る」など、まず「話せない理由」を聞いたほうがいいです。

○「オープンクエスチョン」「クローズドクエスチョン」の良い使い方

自分「今後、どのような製品を開発していこうとお考えですか？」
お客様「製品を薄くしていこうという方針です」
自分「具体的にはどのように？」
お客様「筐体《きょうたい》を今より30パーセント小さくします」
自分「だいぶ小さくなりますね。搭載する部品も変わりますか？」
お客様「はい、部品も小さいものになるでしょうね」

お客様の詳細情報を聞き出すには、オープンクエスチョンは欠かせません。オープンクエスチョンで質問しながら深掘りし、確認するところにはクローズドクエスチョンを用います。「今より筐体が30パーセント薄くなる」「部品も小さいものになる」ということがヒアリングできましたので、30パーセント程度小型化した部品を提案する必要があることがわかります。

×「オープンクエスチョン」「クローズドクエスチョン」の悪い使い方

自分「今後、どのような製品を開発していこうとお考えですか？」
お客様「製品を薄くしていこうという方針です」
自分「半分くらいになるのでしょうか？」
お客様「そんなに薄くならないよ」
自分「今より薄くするのは大変ではないですか？」
お客様「確かに、大変だと思う」
自分「小型になると人気が出そうですね」
お客様「最近ヒット商品が出ていないからね」
自分「楽しみです」

クローズドクエスチョンばかり多用していて、詳細が聞き出せていません。「今より薄くなる」「薄くするのは大変」「ヒット商品を狙っている」ことはわかりましたが、商品を提案する営業としては、具体的にどうしたらいいのかわかりません。

トレーニング方法

話を広げるために「5W1H」を使った質問をしてみましょう。

お客様「○○駅前で食べたラーメンがおいしかったよ」
自分「何というお店ですか?」
お客様「この間、旅行に行って来てさ」
自分「どこに行かれたんですか?」
お客様「昔、○○会社で営業していたときがあってさあ」
自分「何年くらい前の話ですか?」
お客様「この間のランチ会は楽しかったなあ」
自分「何人くらい参加されたんですか?」

第7章

すでに信頼関係がある お客様に伝える場合

この章のねらい

長年の付き合いがあり、すでに信頼関係が構築できているお客様とは、あいまいな言葉でやり取りをしてしまうことがよくあります。

ニュアンスで伝わるようになるため、言葉を省略したり、言い訳したりするようになってきます。重要なときに言葉が伝わらず仕事が滞ると、すれ違いが起こって関係が悪化してしまうこともあります。

たとえば、「〇日まで」と期限があっても「早めにお願いします」と言えばわかるだろうと思ってはっきり伝えなかったり、「わからなかったら聞いてくるだろう」と思ってきちんと「報連相」をしていなかったり、ミスをしても謝ることなく済ませてしまったりと、自分軸で考えていると、知らず知らずのうちに手を抜いてしまうことがあるのです。

私が営業職に就いたばかりの頃は、「人と人は何も言わなくても理解し合うものだ」と勘違いしていて、お客様から怒られたことが何度もありました。

もし、これが「言った」「言わない」にまで発展してしまうと、関係を修復するのが難しくなります。

一度、自分を振り返って、自分軸になっている考え方を、相手軸に戻さなければなりません。

相手軸で考えると「たとえ〝急いでいない〟と言われても早めに提出する」「何かをしてもらったらきちんとお礼を伝える」「こちらにミスがあったら言い訳をせずにすぐに謝る」「わかっているだろうと思いながらも再度念を押す」など、当たり前の気づかいをするようになります。

私がおすすめする方法は、5W1Hの「いつ」「どこで」「何を」などを使って、きちんと確認することです。長年慣れ親しんだお客様であっても、空気感だけで判断せず、言葉や文章にすることが必要です。お互いにミスなく、滞りなくスムーズに事が運ぶのが一番です。

お互いが自分軸で考えるようになると、言葉が通じなくなります。ビジネスにおいては「親しき仲にも礼儀あり」です。

法則 38

急ぎではない件の返事が欲しいとき

✕ 売れない人は

今週中にお願いします

○ 売れる人は

お手すきのときにご連絡ください

解説

お互いの信頼関係が構築できているのであれば、「あうんの呼吸」で仕事が完結してしまうことがあります。

逆に、仲が良すぎると、はっきりと言えなかったりします。「それほど急ぎではない案件だが、なるべく早く回答が欲しい」という場合に使えるフレーズがあります。

それは「お手すきのときに」という言葉です。

お客様からこの言葉を言われることがありますが、なぜだか、すぐに返事をしてしまいます。私からこの言葉を相手に伝えるときもありますが、すぐに返事が来ます。**急かしていないように聞こえる言葉ですが、「手が空いたときに」と遠回しに言われているので、手が空いた仕事の合間に対応してしまうのです。**

「今週中にお願いします」という言葉は、分析すると「遅くても今週中、できれば早めに」という感じで相手に伝えていることになります。〇日という期日をハッキリ示していないので「まだいいか」とあと回しにする人もいます。もし、期日があるのなら「〇日までにお願いできますでしょうか」と伝えるようにしましょう。

法則 **39**

「回答がいつになるか」と聞かれたとき

×売れない人は

近々、連絡します

○売れる人は

○日までに連絡します

解説

見積書やプレゼン資料、メールの返信など、「急ぎではないけれど早めに回答が欲しい」とお願いされることがあります。

ある程度、信頼関係があると「近々、連絡します」という感じで、あいまいに答えてしまいがちです。

対応している本人は、早くやるつもりでいます。ただし、あくまで「つもり」なので、本当にやるかどうかはわかりません。相手の要求があいまいだからといって、こちらもあいまいにする必要はありません。

相手を不安にさせてしまいますので、**せっかくなら「〇日までに連絡します」と、回答予定日を示してあげたほうが親切です。**

違う視点から見ると「〇日まで時間をください」と伝えていることにもなります。

ちょっとした気づかいなのですが、「いつになるかわからない」のと「日付がはっきりしている」のとでは、大きく違います。相手に与える印象も変わってきます。**きちんとしたやり取りを繰り返していくと、信頼関係がさらに深くなっていきます。**いいかげんなやり取りは、信頼関係を消耗していきます。

法則 40

忙しくて対応が遅れてしまったとき

× 売れない人は

ちょっと、バタバタしておりまして……

○ 売れる人は

対応が遅れて申し訳ありません

解説

仕事がデキる人であれば、お客様から依頼された内容の回答が遅れたり、回答をし忘れたりすることは基本的にありません。

ですが、長年仕事をしていると、先輩、後輩を含めて、組織には必ず対応の遅い人がいます。そういう人の話を聞いていると、言い訳ばかりしています。言い訳がクセになってしまっています。

対応の遅い人がする言い訳は「ちょっと、バタバタしておりまして」という言葉です。

「忙しくて対応が遅れてしまった」と言い訳しているのでしょうが、バタバタしていようがしていまいが、お客様には関係ありません。営業側の都合です。いや営業というよりも、その人自身の都合です。

ここは「対応が遅れて申し訳ありません」と、そのまま素直に謝るのがベストです。対応が遅れたことには変わりありませんから。

仕事がデキる人であっても、ごくたまに、約束の期日から遅れてしまうことがあります。いくらお客様との仲が良くても言い訳をせずに、「対応が遅れて申し訳ありません」と謝るようにしましょう。言い訳と「謝る」とでは、相手に与える印象が大きく違ってきます。

法則 41

以前に伝えたことを再び聞かれたとき

✕ 売れない人は

「先日もお伝えしました通り」

○ 売れる人は

「私の説明の仕方が悪く申し訳ありません」

解説

何度も同じことを聞いてくるお客様にはイラッとしてしまいますよね。たとえば、数日前に伝えたばかりのことを再び聞いてくる人がいます。メールでやり取りをすれば履歴が残るので、同じことを聞かれることはほぼありませんが、電話や対面での商談では起こりやすいです。忙しくて忘れてしまう場合もあれば、メモをとらずに話していて忘れてしまう場合もあります。

日頃からやり取りのある慣れたお客様だと、つい「先日もお伝えしました通り」などと、きつい言葉で返してしまうことがあります。言った側には悪気はなくても、言われた側はいい気持ちがしません。険悪なムードになってしまっては、仕事はやりにくいです。

ここは、イラッとする気持ちを抑えて「私の説明の仕方が悪く申し訳ありませんでした」と譲歩したほうが、お互いにイヤな気持ちにならずに済みます。

セールスパーソンの言い方次第で、お客様の印象は良くも悪くもなるということです。日頃から注意しましょう。

セールスパーソンのちょっとした言葉づかいです。

法則 42

お客様の希望通りの価格が出せなかったとき

✕ 売れない人は

努力したのですが……

○ 売れる人は

ご期待に沿えず申し訳ありません

仲の良いお客様と、何年かにわたってやり取りをしていると、お互いに対応が手抜きになることがあります。

解説

お客様は、**今回も特別価格を出してくれるだろうと期待し、セールスパーソンも一生懸命仕事を取ろうとしなくても仕事がもらえるため、自社内での価格交渉に気合いが入っていないこともあります。**

どうしても仕事を取りたいお客様に対するようにはかかわれないのです。なれ合いを避けるため、金融機関などでは3年に1回くらいのペースで異動していくのもうなずけます。

本気でかかわっていて期待に沿えなかったら、「ご期待に沿えず申し訳ありません」という言葉が出て来るはずです。ですが、気合いが入っていなかったことを認識しているため「努力したのですが」と言い訳するような言葉が出てしまうのです。「努力したのですが」という言葉を使うのをやめましょう。努力してもしなくても、お客様の期待に応えることができなかったことには違いありませんから。

結果が出なかったら、まず相手に対して誠意を示しましょう。気持ちで示すことが大切です。

😊 OKワード

▽かしこまりました

「わかる」の謙譲語になります。目上の人に謹んで承《うけたまわ》る意を表す言葉です。「承知いたしました」も同じ意味となります。

▽お手すきのときに

ある程度、信頼関係が構築できている間柄で、それほど急ぎではない用件のときに、この言葉を使うといいでしょう。実際には、多くの人がすぐに対応してくれます。

▽説明の仕方が悪くて申し訳ありません

何度も同じことを聞いてくる相手に使います、反論したくなる気持ちを抑えて、自分の説明が悪かったと譲歩すれば、お互いにイヤな気持ちになりません。

▽ご存じかもしれませんが

「専門外だから相手は知らないはず」と思っても、角が立たないように言い換えることで、相手を不快にさせずに済みます。

▽ぜひ、やらせてください

いいお話をいただき、引き受けたいと思ったのであれば、きちんと意思表示をしないと相手に伝わりません。はっきりとリクエストしましょう。

▽○○日までにお願いできると助かります

「お願いします」ではストレートすぎると感じたら「です・ます」の丁寧語である「助かります」を使用します。ただ、目上の人にはあまり使わないようにしましょう。

▽期限は○○日の○時とさせてください

期日を伝える人は多いですが、できれば時刻まで含めて伝えてください。人によって、午前中なのか、定時の18時までなのか、夜の23時59分までなのか、感覚が違います。

NGワード

▼了解しました

「了解」に、「する」の丁寧語である「します」を付け加えた丁寧語です。謙譲語ではないため、目上の人に使うのは失礼です。

▼ご存じないと思いますが

「専門外だから相手は知らないはず」と決めつけた言い回しであり、相手を不快にさせてしまう言葉です。角が立つので「ご存じかもしれませんが」「ご存じだと思いますが」と言い換えましょう。

▼早めにお願いします

早く回答してほしい、提出してほしいという気持ちはわかりますが、期日が具体的ではありません。人によって、早めの感覚が異なります。

▼できれば、やらせてください

遠慮したつもりで「できれば」と言葉をあいまいにすると、「あまり乗り気ではないのかな」と捉える人もいます。自分の意志とは違う意味が伝わってしまうのは非常にもったいないです。

▼失念しておりました

うっかり忘れているようでは話になりません。わざわざ、言葉に出すこと自体が問題です。先に謝るべきです。普段からきちんと対応しており、信用のある人だけが使える言葉かもしれません。

▼予定がいっぱいで

予定がいっぱいだけれど何とかするのか、それとも断るのかによって大きく差が出ます。忙しく見せることが美徳だと思っているセールスパーソンもいますが、嘘はいずれバレるのでおすすめしません。

×言い訳する会話の例

お客様「先日、お願いした見積書が届いておりません。期限がすぎています」
自分「すみません。ちょっとバタバタしておりまして」
お客様「いつ提出してもらえますか？」
自分「早めに提出させていただきます」
お客様「じゃあ、明日の午前中までにお願いします」
自分「了解しました」
お客様「(後日)この見積書、希望額からほど遠い金額なんですけど」
自分「努力したのですが……」

提出期限を守らなかったにもかかわらず言い訳をしているパターンです。さんざん待たせたあげく、希望額とほど遠い見積書では、信用をなくしてしまいます。
これは、実際によくあるケースです。お客様と慣れ親しんだ間柄で、できない営業が担当すると、このようなことが起こります。

○言い訳しない会話の例

お客様「先日、お願いした見積書が届いておりません。期限がすぎていますよ」
自分「待たせてしまい大変申し訳ありません」
お客様「いつ提出してもらえますか？」
自分「明日の朝10時までに提出いたします」
お客様「明日の提出、お待ちしております」
自分「承知いたしました」
お客様「（後日）この見積書、希望した内容が反映されていないみたいですけど」
自分「私のヒアリング不足で大変申し訳ありません。再度、確認させてください」

事情があり遅れてしまった場合は、まず謝ることが先決です。きちんと見積り内容のヒアリングができていれば、相手の要望に応えられるかどうかは、もっと早めに判断できるはずです。そもそもこのように対応できるセールスパーソンであれば、期限が遅れることはありませんが……。

トレーニング方法

日頃から、自分軸ではなく、相手軸で会話をするようにしましょう。

お客様「企画書の修正はいつまでにできますか？」

自分「早めに修正いたしますが、希望日はございますか？」

お客様「14日（2日後）までにあると助かります」

自分「14日の14時くらいで大丈夫でしょうか？」

お客様「それで大丈夫です」

相手軸で考えると、自然と詳細を確認するようになります。はっきりしないことは、あいまいにせず、こちらから確認して日時を確定するといいでしょう。

第8章

あとでモメないように先手を打つには？

この章のねらい

日本人は「空気を読む」習慣があり、物事をあいまいにしても、受け取り側がその場の空気やニュアンスを感じ取り、最適な判断をするということが常に行なわれています。毎日会社で会うメンバーや友人、家族など、慣れ親しんだ間柄では問題が起こることはありません。

ですが、この考え方は、まだ関係が浅い人に対してや、「言った」「言わない」が許されないビジネスの場面では不向きです。一部の企業を除き、テレワークがなかなか普及しないのは、Ｗｅｂ会議システム、メール、電話だけでは、空気感が伝わらないことも原因の１つでしょう。

「空気を読む」習慣が身についてしまっているため、自分から伝える意識を持たないと、日時をはっきり示さなかったり、意思表示をはっきりしなかったりすることが起こります。

これが、お客様とモメる原因になるのです。私自身は、二度手間が大嫌いです。あとから余計なやり取りが発生すると、確実に生産性が落ちるからです。ですので、1回で相手に伝わり、お互いが聞き間違えることなく、あとで再度確認しなくて済む方法を模索してきました。

1回で確実に伝え、あとでモメないようにすることが、この章のテーマです。

アメリカの文化人類学者のエドワード・T・ホール氏によって提唱された「ハイコンテクスト文化」と「ローコンテクスト文化」という概念があります。**「ハイコンテクスト文化」とは、声のトーンや、表情、身振りなど言葉以外のコミュニケーションを重要視している文化です。日本はその筆頭です。「ローコンテクスト文化」とは、あいまいな表現などがない言葉そのものを重要視している文化です。欧米などが当てはまります。**

今の若者は空気を読みませんし、今後は、外国人と仕事をする機会も増えていくことから、確実に「ローコンテクスト文化」に慣れる必要があります。正確な言葉で伝えるようにしましょう。「見ていればわかるだろ!」のような発想では、相手に伝えることはできません。

法則 43

納期を確認するとき

×売れない人は

1週間くらいでよろしいですか？

○売れる人は

来週のいつなら間に合いますか？

解説

「1週間くらい」とあいまいなやり取りをしていると、必ずあとからモメることになります。**私の経験上「1週間くらい」というのは、人それぞれです。その日を含むのか、含まないのかによっても変わってきます。**

たとえば、1日（月曜日）を基準として「1週間くらい」というと、たいてい、7日目の8日（月曜日）のことを指しています。

ただ、気がきく人は、その前の5日（金曜日）までか、8日（月曜日）の午前中だと考えます。ギリギリで考えている人は、7日目の8日（月曜日）の終業時刻までだと考えていることが多いです。

商品を納品する日は、書類などと違って、ライン投入日や出荷日に間に合わないと大変なことになりますので、こちらから希望納期を確認すべきです。ただ、在庫がなくてこれから生産する場合や、これから商品を仕入れる場合などを考慮すると、ギリギリのラインを知っておいたほうがいいでしょう。

そこで「来週のいつなら間に合いますか?」と、相手が欲しいと思っている日ではなく、間に合う日を聞くのです。

希望する日と実際に必要になる日は違うことが多いです。

法則 44

書類の提出期限を決めるとき

✕ 売れない人は

○日までに提出すれば大丈夫ですか?

○ 売れる人は

○日の何時までなら大丈夫ですか?

「くらい」というあいまいな表現ではなく「○日まで」と示すのは、とてもいいことです。ただし、日付だけの確認では、何時までならいいのかわかりません。

人によって「午前中まで？」「その日の終業時刻まで？」「その日の23時59分まで？」など受け取り方はさまざまです。

あとからモメないようにするため、「○日の○時まで」と決めるクセをつけましょう。

私は会社員時代「○日まで」と言われたら、その日の午前中には提出していました。独立した今は、自分1人で作業をしていることが多いので、「○日まで」と言われたら「その日の23時59分まで」が基準となっています。

これはわがままではなく、少しでも時間が欲しいからです。

ただ、自分基準で「23時59分まで」に提出しているわけではなく、必ず**「当日中（23時59分）までで大丈夫でしょうか？」**と相手に確認しています。

たいてい「次の日の朝一にあればいいですよ」と言ってもらえます。

その日の午前中までに必要なのか、当日中でいいのかで、作業に使える時間が1日近く変わってきますから。

法則 45

見積り提出後、発注依頼が来ず、リードタイムがギリギリのとき

✕ 売れない人は

○日までにご回答いただけますでしょうか？

○ 売れる人は

○○（第三者）が早めにご回答を欲しがっておりまして

解説

決裁や契約など、なかなかお客様から返事をもらえないことがあります。メーカー営業であれば、工場や生産管理に急かされ、個人向け営業では、上司に急かされます。担当者の動きが遅い場合、公的機関や大企業など決裁者が多く決裁が完了しない場合などがあります。

特に、納品先が大企業の場合、間に合わなければ「来月になりますよ！」というわけにはいかず、ギリギリで発注され、超短納期で対応しなければならないことも出て来ます。結局、土日や夜間対応などにより人件費をはじめとするコストがかさみます。

普段からこのような状況を避けるため、セールスパーソンは、決裁や契約の返事を早くもらえるようお客様に働きかける必要があります。そんなとき、「○○が早めにご回答を欲しがっておりまして」と、第三者の名前を出すのです。

他人を巻き込むと、反応してもらいやすくなります。たとえば、中小企業であれば「社長」、メーカーならば「設計部長」「工場長」、無形商材であれば「営業部長」や「契約部」などです。お客様と面識がある人を使うとさらに効果が上がります。

法則 46

他部署の担当者を紹介してもらうとき

✕ 売れない人は

ありがとうございます

○ 売れる人は

ぜひ会わせてください！

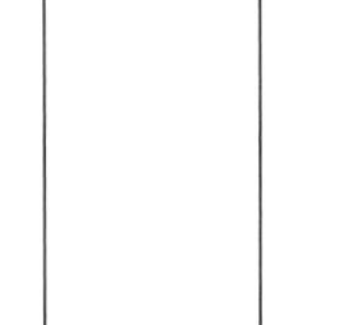

解説

お客様と信頼関係が構築できてくると「今度、他部署の担当者を紹介しましょうか？」と言ってもらえることがあります。セールスパーソンにとっては、またとないチャンスなので断る理由はありません。ですが、ここでの受け答えの仕方によって、良くも悪くもなってしまうのです。

「本当に紹介してくれるのかな？」とか「紹介のタイミングは相手にまかせよう」などと考え、「ありがとうございます」とあいまいな回答をすると、そのまま進展しないなどということが起こります。

なぜならば、それだと「意思」ではなく「お礼」を伝えているだけだからです。

お客様には、「まだそのタイミングではないのかな？」「あまり乗り気ではないのかな？」などと、思われてしまう危険性があります。

ここは「ぜひ会わせてください！」と、会わせてほしい旨をそのまま伝えましょう。「ぜひお願いします！」という人もいますが、「会わせてください」という行動を伝えていませんので、伝わり方は弱くなります。

気持ちを素直に伝えましょう。

😊OKワード

▽○日の△時で大丈夫でしょうか？

提出期限や回答期限は、「○日の日付」と「△時の時刻」をセットにすると、あとでモメることがなくなります。

▽いつならよろしいですか？

日時がはっきりしないときは、こちらから確認しましょう。あいまいにせず「いつ」が希望なのかを質問します。

▽ぜひ、○○させてください

相手より何らかの依頼をされた場合は、あいまいにせず、はっきり「やりたい」という旨を伝えてください。

▽○○していただけませんか？

お客様に動いてもらいたいときは、はっきりと伝えたほうがいいです。遠回しにせず、要望を伝えましょう。

▽私は、○○をすればいいですね？

会話のやりとりで、本当に自分の解釈で合っているかどうか自信がないときは、自分から確認します。念押しする意味もあります。確認する内容が正しければ、お客様が「はい」と答えてくれます。

▽○○から確認するよう言われておりまして

相手の反応が鈍いときや、「これ以上聞くとくどいかな？」と思うときは、第三者が知りたがっていると「人のせい」にすると反応が良くなります。第三者の名前を出すときは、事前に本人の了解を得ておきましょう。

NGワード

▼○○くらいでいいですか？

「くらい」とあいまいにするのはよくありません。逃げ道を作っているつもりですが、あとでモメることが多いです。

▼○日まで大丈夫ですか？

日付を確認するのは重要ですが、できれば、何時までなのかも確認したほうがいいでしょう。人によって、時間の感覚が違いますから。

▼ぜひ、お願いします

「お願いします」という言葉は、非常にあいまいな言葉です。言われた側は、セールスパーソンがどのような行動をしたいのかわかりません。「引き受けたい」「買いたい」「売りたい」など、はっきりと示すべきです。

▼わかりました

この言葉を使うときは「わかっていない」「これ以上聞くのが面倒」「この場を無難に終わらせたい」というときがほとんどです。本当にわかっていれば「かしこまりました」という言葉になるはずです。

▼早めにやります

「早め」という伝え方が、非常にあいまいです。「数時間」「1日」「2日」など、人によって違うでしょう。言った本人は、早めにやろうと思っているのでしょうが、「思った」だけで「早めに」やらないこともよくあります。

▼できるだけ

「自分の能力のできる範囲内で、全力を尽くす」という意味なのですが、この「できる範囲内」の捉え方が人によって違います。すぐやる人もいれば、1週間経ってもやらない人もいます。誰にでもわかる「数字」で示す必要があります。

ロープレ

「日時をはっきりさせる」パターンと、「日時をはっきりさせない」パターンの両方をロープレしてみると、自分が会話した内容があいまいなのかどうかわかります。

○日時をはっきりさせる会話の例

お客様「この企画書は、修正して早めに再提出をお願いします」
自分「ちなみに、いつ頃までに提出すればよろしいでしょうか?」
お客様「そうですね。1週間くらいでいかがですか?」
自分「1週間だと、10日に提出ということでよろしいでしょうか?」
お客様「大丈夫ですよ」
自分「10日の何時までなら大丈夫でしょうか?」
お客様「できれば、10日の午前中までに」
自分「かしこまりました。10日の12時までに提出します」
お客様「では、よろしくお願いします」

このように、相手が日時をはっきり指定してこない場合は、こちらから確認する必要があります。ほとんどの人は、〇日までは確認しますが、時刻まで確認しないことが多いです。相手から〇日と〇時まで教えてもらえたら、この会話は完成します。

×日時をはっきりさせない会話の例

お客様「この企画書は、修正して早めに再提出をお願いします」
自分「わかりました。早めに提出します」
お客様「ではよろしく！」
自分「かしこまりました」

1〜2日で再提出できればいいですが、それ以上時間がかかると、必ずお客様から「いつになったら提出できるの？」「何でこんなに時間がかかるの？」「早めに出せると言ったよね？」などと指摘を受けることになります。セールスパーソンは期日を決めていないので、優先順位が下がり、あと回しになってしまうことが増えます。

トレーニング方法

親しい人に自分の気持ちをはっきりと伝えてみましょう。

〈例1〉

自分「今日の夜、外食に行こうよ」

相手「何が食べたい？」

自分「イタリアンが食べたい！」

〈例2〉

自分「今日の夜、外食に行こうよ」

相手「久しぶりに中華料理が食べたいなー」

自分「私はイタリアンが食べたい！」

相手「じゃあ、イタリアンにしよう」

第9章

商談を上手に進めるには?

この章のねらい

アポが取れて、どれだけいい説明ができたとしても、商談の進め方が悪ければ、受注することができません。商談中は、お客様とセールスパーソンの間には目に見えない心理的な戦いがあります。できるだけ、商談を有利に進めることができたほうが、いい結果につながります。

購入に慣れた個人のお客様や、購入することが仕事である企業の購買部、調達部などは、いかに自分たちがいい条件で契約するかを常に考えています。つまり、購入する側のプロと戦っているのです。

人には、反応しやすいパターンが存在します。

たとえば、期限がなく販売されている商品よりも、期間限定の商品のほうが、購買意欲が高まります。

また、1色だけの販売より、2色を追加し、3色で販売したほうが選ばれやすくなります。コンビニが常に「期間限定商品」ばかり置いているのは、人の心理を研究した結果なのです。家電でも、1年に1回はモデルチェンジをします。私は5年、10年に1回でいいと思うのですが、モデルチェンジを積み重ね新しい機能を付け加えたほうが、買い替え需要が高まるので仕方ありません。セールスパーソンも同じように、お客様の購買意欲を高める工夫が必要となります。

セールスパーソンの言い方、伝え方によって、お客様の反応を変えることができます。「はい」「いいえ」で迫る質問をしてしまうと、断られることが出て来ます。それに対して、言い方を変えて、「どちらか選択を迫る」という方法に変えてみると、どちらかを選んでもらえるようになります。

お客様の要望通りに話を進めるのも大切ですが、深くヒアリングをしていくと、実は、別の商品のほうが合っていることだってあります。セールスパーソンの話の持っていき方次第で、結果は大きく変わってしまうのです。

顧客の心を動かす心理テクニックを利用することで、商談を有利に展開することができます。この章では、行動経済学、社会心理学、購買心理学、行動心理学、マーケティング心理学に基づいたスキルを学びます。

法則

47

「安い商品が欲しい」と言われたとき

×売れない人は

安い商品はこちらになります

○売れる人は

もう少し詳しくお話をうかがえますか？

解説

「とにかく安いものが欲しい」というお客様は多いです。買う側は、安さを求めてきますし、売る側は、付加価値を付けた高いものを買ってほしいので、ギャップが生じます。

売れるセールスパーソンになりたければ、安いものを求めているお客様に「はい、わかりました。こちらになります」とロボットのように応対をしてはいけません。「なぜ、お客様は安い商品やサービスを探しているのか？」を確認してほしいのです。

これには2つの理由があります。**1つ目は、セールスパーソンの都合ですが、高い商品やサービスを売る可能性を高めることです。2つ目は、お客様の要望を満たす商品やサービスは、高いほど効果が出るケースがあるということです。**

安さを求めているだけのお客様は、その先の費用対効果まで考えていないことも多いです。いろいろと話を聞いたうえで、本当に高いほうがいいのか、安くても問題ないのかを判断したうえで、提案しても遅くはありません。お客様の「潜在ニーズ（顧客自身も気づいていないニーズ）」を探り、少しでも高く売る工夫をしましょう。

法則 48

「商品Aがいいな」と思っているお客様に対して

× 売れない人は

商品Aの見積もりを出しますね

○ 売れる人は

なぜ、商品Aがいいと思われるのですか?

解説

「安い商品が欲しい」というあいまいな状態から、「商品Aが欲しい」と具体的な状態になったとします。

ほとんどのセールスパーソンは「商品Aの見積もりを出しますね」と言って、クロージング体制に入ります。悪くはない対応ですが、デキる営業になりたかったら、もうひと工夫が必要です。

「なぜ、商品Aがいいと思われるのですか？」と理由を聞いてみるのです。

お客様の状況と商品Aが合っていない場合もあります。商品Aしか知らず、もし商品Bの存在を知っていたら、商品Bにしたかもしれません。話を聞いていると、少し高いですが商品Cが一番合っていることだってあります。

質問によって「潜在ニーズ」を引き出すのです。

私自身、安い商品Aではなく、少し高い商品Cを購入されて想定以上に便利になったお客様から、お礼を言われたことは何度もあります。

お礼を言われたお客様とは、その後、長く関係が続きました。理由をおうかがいして、もしほかの商品のほうが良いと思って案内した結果、商品Aがいいということであれば、そこで初めて商品Aの見積りを提示すればいいのです。

法則 49

おすすめする商品を説明するとき

✕ 売れない人は

これを導入すると時短の効果がありますよ

○ 売れる人は

ここが使いにくいと感じるかもしれません

解説

商品やサービスの説明をするときは、良いところばかりがクローズアップされがちです。プレゼン資料に悪いことが書いてあることはありませんので、セールスパーソンも良いところばかりアピールするようになります。

会社員時代の私は、あえて商品やサービスの悪いところを説明することで営業成績を上げてきました。悪いところを説明するセールスパーソンは私以外にいなかったので目立ちました。正直に話してくれる私の姿勢に共感してくれる人もたくさんいました。

これは、心理学用語で「両面提示の法則」といわれています。良い面も悪い面も両方説明することで、信頼感が増すということです。

使い方にはコツがあります。商品やサービスの「悪いところ」「気になるところ」を説明したあと、「良いところ」「優れているところ」を説明してかぶせる感じです。

たとえば、「このカメラは動画の手ぶれ補正が弱いですが、0・02秒でピントが合います」という感じです。順番を逆にした「0・02秒でピントが合いますが、動画の手ぶれ補正が弱いです」だと、買う気が少し失せるはずです。話す順番には気をつけましょう。

法則 50

提案を伝えるとき

✕ 売れない人は

A案が断然いいと思います

○ 売れる人は

B案は○○、C案は△△なので、A案が良さそうです

何かを提案するときは、1つではなく、複数（3つがおすすめ）提案することをおすすめします。

解説

「松竹梅の法則（極端の回避性）」といわれており、売りたい商品やサービスを真ん中に入れてはさむことで、真ん中を選んでもらえるようになります。これは、商品やサービスの値段や内容に差がある場合に効果的です。飲食店などでよく使われています。

ただ、値段に差がない場合や、セールスパーソンが扱う複雑な商品ですと、お客様から「3つの中でおすすめはどれか？」と意見を求められることがあります。「ここは同じだがここは違う」とわかりやすく示す工夫も必要です。

3つの案を提示しているのに「A案がおすすめです」と1つの案だけ押して理由を伝えないと、「B案はどう？」「C案はどう？」とほかの案も聞かれることになります。これでは失敗に終わります。

そんなときは「B案は○○、C案は△△なので、A案がおすすめです」と、ほかと比較しながらおすすめ案を目立たせることで、A案を選んでもらえるようになります。これだけの工夫で、相手の反応は、大きく変わります。

法則 **51**

ノーを言わせたくないとき

× 売れない人は

B案がいいと思いますが、いかがでしょうか？

○ 売れる人は

A案とB案、どちらがよろしいでしょうか？

解説

商談をしていると、見当違いの提案は別として、「お客様に断られたくない」「提案した商品が要望に合っているかどうかヒントが欲しい」というときがあります。

そんな状況では、「B案がいいと思いますが、いかがでしょうか?」と「はい」「いいえ」で答えを迫るのではなく、「A案とB案、どちらがよろしいでしょうか?」と選択させるように質問するのがベストです。

これは「選択話法（二者択一話法）」といわれており、相手に2つの選択肢を提示して、どちらが選ばれても自分の期待する結果が得られるようにするテクニックです。

「A案とB案、どちらがいいでしょうか?」と、選択を迫っているため、相手はどちらかを選ばざるを得ないのです。

「B案がいいと思いますが、いかがでしょうか?」と聞いてしまうと、「B案は良くない」と言われたり、「どちらも希望とは違う」と2つとも否定されてしまったりすることがあります。

これでは、何も進展がありませんので、言い方にはくれぐれも注意を払いましょう。

法則 **52**

大幅な値引きを要求されたとき

✕ 売れない人は

値引きは厳しいです。すみません

○ 売れる人は

値引きは難しいです。その理由は○○です

解説

現代の営業では、何らかの「エビデンス（証拠や根拠）」を示すことが求められるようになりました。

昭和時代の営業のように、口頭で言葉巧みに話す時代は終わりつつあります。何事にもきちんとした理由が必要なのです。

特に不景気の今、セールスパーソンが、お客様から大幅値引きを求められるケースは多いでしょう。今後の付き合いを考えると、無下に断ることはできません。付き合いが長いお客様だと、断り方によっては信頼を失うこともあります。値引きを要求されたときの断り方は非常に重要なのです。

断るときは、誰もが納得できる理由を伝える必要があります。そのために必要なのがエビデンスです。

値引きをすると赤字になるというこちら側の都合だけでは、なかなか納得していただけません。

「商品以外の保守サービスの部分が他社よりも○パーセント安い」とか、「購入するときの分割金利が特別なので割引以上の価値がある」など、プラスになっている点をきちんと示すことで、譲歩してもらえるようになります。

☺ OKワード

▽もう少し詳しくうかがえますか？

セールスパーソンであれば、この質問は覚えておきましょう。お客様の考えを深掘りして、潜在ニーズを見つけるのに役立ちます。

▽A案とB案のどちらがよろしいですか？

「はい」「いいえ」を求める質問ではなく、どちらかを選択する質問をすると、断られる確率がグッと下がります。

▽難しい理由は、○○になります

お客様に断りを伝える場合は、きちんと理由を話すのがマナーです。関係が深いお客様の場合は、相手が納得する理由を伝えましょう。

▽なぜ、○○がいいと思われるのですか？

お客様が商品を指定してきたとしても、なぜ、その商品を選んだのか理由を聞きましょう。ほかの商品のほうが、合っている場合もあります。

▽写真を撮ってもよろしいですか？

書店、家電量販店など、平積み、展示をしてもらうことで商品が売れる業界もあります。お店や会社の方針にもよりますが、展示した状態を写真に撮って社内で共有したいなどと伝えると、かなりの確率で展示をするか、平積みをしてくれます。

▽マイナスの部分は、○○です

プラスの部分ばかり伝えるセールスパーソンの中で、マイナスのことを伝えるセールスパーソンは目立ちます。マイナスなことはお客様も知りたがっています。伝え方は、マイナス↓プラスの順です。

▽他社と比較すると、このようになります

お客様にとても喜ばれます。会社員時代の私は、上司には「競合情報を自分から出すな！」と反対されましたが、この比較表を作って配ったことでお客様からの信用を得ました。

NGワード

▼A案はいかがですか？

1つの案で「はい」「いいえ」を聞くと、「良くない」などと断られてしまいます。

▼A案がいいと思います

A案がいいかどうか決めるのはお客様です。もし、本当にいいと思うのなら、その根拠も一緒に示しましょう。

▼○○することは難しいです

お客様に断りを入れるときに「難しいです」と理由も伝えずに断ると、相手に与える印象が良くありません。関係が浅いお客様であっても理由を説明しましょう。

▼展示していただけませんか?

書店、家電量販店など、平積み、展示をしてもらうことで商品が売れる業界もあります。お客様との関係が浅いと「場所がない」と逃げられてしまいます。

▼他社には負けません

他社に負けないのは「価格」「品質」「納期」「見た目」「性能」などいろいろな要素がありますが、意気込みだけでは売れません。きちんと説明をしましょう。

▼他社は、○○が良くないです

どんな理由があれ、他社を名指しして悪口を言うのは良くありません。このようなうわさはすぐに業界内で広がり、あなた自身の印象が悪くなります。

ロープレ

「比較対象がないパターンの会話」と「比較対象が3つあるパターンの会話」では、大きく結果が違ってきます。

×比較対象がないパターンの会話例

お客様「企画書を持って来てもらえましたか？」
自分「はい、企画書はこちらになります」
お客様「なるほど」
自分「いかがでしょうか？」
お客様「これだと、うちでは採用が難しいかな」
自分「どこがダメでしょうか？」
お客様「全体的に企画のテーマがズレているというか……」
自分「わかりました。出直します」

このように、比較対象がなく1つしか案を提出しないと「はい」「いいえ」の2択になります。何が問題なのかをヒアリングしても、「イメージとかけ離れている」などと教えてもらえなかったりします。これでは、再提案するのにも労力がかかります。

○比較対象が3つあるパターンの会話例

お客様「企画書を持って来てもらえましたか？」
自分「はい、3つの案を持って来ました」
お客様「なるほど」
自分「ちなみに、この3つの中でどれがよろしいでしょうか？」
お客様「そうだなあ、A案は通らないから、B案かC案だけど、C案がいいかな」
自分「では、C案を元に進めてもよろしいでしょうか？」
お客様「C案の、○○と、△△を修正してもらえるかな」
自分「承知しました。修正して持参いたします」

3つの比較対象があると、たいていは3つの中から、1つを選んでもらえます。一番近いテーマがわかると、具体的にどこを修正すればいいのかがはっきりしたりします。

トレーニング方法

機材の保守などがある見積書であれば、3パターン作成します。

・機器のみ
・機器＋保守
・機器＋長期保証

企画書、提案書であれば、3パターン作成します。

・お客様の要望を入れた提案書
・お客様の要望に少し盛った提案書
・お客様の要望を少し削った提案書

第10章

オンラインで商談を進める

この章のねらい

新型コロナウイルスの流行によって、対面で商談をするのが当たり前の時代から、対面とオンラインのいずれかを選べる時代になりました。遠方で、なかなか訪問できなかったお客様と商談ができたり、わざわざ交通費を使って遠方まで出かけたりしなくてもよくなりました。

私は名古屋市在住なのですが、東京や大阪など遠方のお客様と気軽にWeb会議システムを使って商談ができるため、オンライン研修、記事の執筆や監修など、オンラインで完結する仕事がかなり増えました。

気軽に活用できるオンライン商談ですが、実は、対面で商談するのとは感覚が違います。

特に、対面での商談が当たり前だったオジサン世代は、注意が必要です。対面ではパッとしなかった若手社員が、オンラインでは成果を上げるというケースもたくさん出て来ています。

オンラインでは、その場の空気感が伝わりません。対面であれば、お客様とその場の空気を読み取りながら商談ができましたが、オンラインではそれができません。そのため、事前準備に時間と手間をかけたり、可能な限り論理的に説明をしたりする必要があります。

対面と同じような感覚で話すのではなく、くどいくらい丁寧に説明しないと相手に伝わりません。

逆に、対面でのプレゼンが苦手だった人でも、画面共有機能を使ってスライドを見せながら、プレゼンができるようになりました。疑問点があれば、その場で、ネットを使って調べることができます。あとからメールでリンク先を送らなくても、チャットを使ってその場でリンク先を送ることもできます。

上手にオンラインが活用できれば、今まで以上に成果を上げることが可能になります。対面とオンラインを組み合わせたハイブリッド営業などもできるようになりますので、オンライン商談のコツを身につけておいて損はありません。オンラインでの商談のコツを学びましょう。

法則 53

オンラインで商談をしたいとき

× 売れない人は

もしよろしければ、オンラインで

○ 売れる人は

こんなご時世ですので

解説

対面で商談することを好むお客様もいれば、在宅勤務をしているためオンラインでないと困るというお客様もいます。セールスパーソンが一番困るのは、お客様は対面を求めているのに、会社の方針（コロナ感染対策、在宅勤務、交通費削減など）で、対面ではなくオンラインでの商談を推奨している場合です。

出向いて商談することが難しい旨を伝えて、オンラインに切り替えてもらうのですが、言い方を間違えるとややこしくなります。

年配の方だったりすると「ITが苦手だ」とか、「使い方がわからない、やはり対面がいい」などと遠回しに言われかねません。**そんなときは「こんなご時世ですので」と時代のせいにしてしまえば、相手も受け入れざるを得ません。**

今のWeb会議システムは、URLをクリックするだけで簡単につなぐことができます。ノートパソコン（一般的なものはWebカメラとマイクが内蔵されている）1台あれば可能です。最悪、スマートフォンでも対応可能です。**実際に、オンライン商談をしてみると、「思ったよりも簡単だった」という人も多いです。**

法則 54

オンラインで商談を始める前に

×売れない人は

全員そろうまでしばらくお待ちください

○売れる人は

○○さん、私の声は聞こえていますか？

解説

オンライン商談を始める前は、「シーン」とした空気が漂っています。2人だけの商談であれば会話がしやすいですが、3人以上の商談になると「初対面だからみんながそろうまで待とう」などと考えて誰も何も話さなかったりします。

対面であれば雑談ができる場面でも、話しづらい雰囲気なのです。商談を始める前に、その場をあたためておいたほうが、会話がスムーズになりますので、何らかの工夫をしたいものです。テレビ番組でも、番組開始前に場をあたためる係の人がいますし、企業研修でもアイスブレイクなどを使って場作りをします。

空気感がつかめないオンライン商談においては、特に場作りが大切だと思います。

ここでは、「全員そろうまでしばらくお待ちください」と言って全員がそろうまで「シーン」として待つのではなく、**「○○さん、私の声は聞こえていますか?」などと積極的に話しかけましょう。**

雑談がしにくい雰囲気でも、声が届いているかの確認なら気軽にできます。ここから、雑談に発展して場がなごむこともあります。

法則 55

オンラインでの商談中①

✕ 売れない人は

では、次に行きます

○ 売れる人は

○○の件、もう一度繰り返します

解説

オンラインでの商談は、自分が思っているよりも相手に話の内容が伝わっていません。空気感もつかみにくいため、相手が理解できているのか、理解できていないのかも感じ取ることが難しいです。そのため、お客様が理解できている前提で商談をどんどん進めてしまうと、セールスパーソンとお客様との間にギャップが生じます。お客様が理解できていないままでは、仕事を受注することはできません。

重要な箇所や、相手に伝わっていないと感じたならば、そのまま次に進むのではなく、もう一度繰り返しましょう。何度も繰り返すと、くどいと感じる人もいますので、「○○の件、もう一度繰り返します」と前置きをすれば、繰り返していることが相手に伝わりますので、話を聞いてもらいやすくなります。

商談の途中で「ここまでで何かご不明な点はありますか？」と聞きながら進めるのもいいでしょう。すでに信頼関係が深くて、商談の内容にも興味を持っているお客様なら質問が出ることがありますが、信頼関係が浅かったり、内容にあまり興味を感じていないお客様から質問が出ることはめったにありません。注意しましょう。

法則 56

オンラインでの商談中②

×売れない人は

事前にお送りした資料の5ページになります

○売れる人は

（画面共有した）このページをご説明します

解説

オンライン商談をするときは、事前に資料をPDFなどで送っておいたほうがスムーズです。たいていは、先に目を通してもらえますが、参加者全員がその資料を印刷して商談に臨んでくれるわけではありません。

対面での商談は、セールスパーソンが印刷した資料をその場で配り、資料を見ながら説明していました。その感覚が染みついているセールスパーソンは、オンラインでの商談中でも「事前にお送りした資料の5ページになります」などと言いながら画面共有をせずに商談を進めてしまいます。

手元に印刷した資料がない人にとっては、内容が理解できません。パソコンで、Web会議システムとPDFの資料を同時に開きながら、商談をするのは非常に面倒です。

手元に資料がなくてもいいように、事前に送った資料を画面で共有しながら、オンライン商談を進めましょう。画面共有をしながら「資料の5ページ目になります」と伝えれば、とてもわかりやすくなります。

操作を説明するときも「右下の一番右にある○○ボタンを押してください」と具体的に伝えるようにしましょう。丁寧すぎるくらい丁寧に伝えてちょうどいいと思っておきましょう。

法則 57

オンラインでの伝え方①

✕ 売れない人は

1つ目は……、2つ目は……、3つ目は……

○ 売れる人は

お伝えしたいことは、3つあります

解説

オンラインで話を伝わりやすくするためには、何を話すのかを先に伝えたほうがいいです。**1時間の商談で目指すゴールや、話す内容（テーマ）がいくつあるかなどです。**そうすることで、相手も聞く準備ができます。

たとえば、対面で話すように「1つ目は……」「2つ目は……」「3つ目は……」と順番に話してしまうのではなく、**伝える内容はいくつあるか、たとえば「お伝えしたいことは、3つあります」などと先に示したほうがわかりやすいということです。**

対面の場合は、お客様の反応を見ながら、臨機応変に話す内容を調整できますが、オンラインではそれができません。

何の前置きもなく、「1つ目は……」「2つ目は……」「3つ目は……」と話しつづけてしまうと、お客様は、重要なことがいくつになるのかがわかりません。

もしかしたら「4つ目は……」「5つ目は……」と続くかもと思ってしまうかもしれません。そうなると、話を聞くことよりも「いくつあるのかなあ？」というところに意識が向いてしまい、商談に集中することができなくなってしまいます。

法則 58

オンラインでの伝え方②

× 売れない人は

●●ができるので、○○に効果があります

○ 売れる人は

○○に効果があります。その理由は、●●です

解説

ビジネスにおいて、結論から話すことはとても大切です。社会人になりたての頃に多くの方が、「稟議書、企画書、報告書、会議や上司への報告などは、結論から伝えることが大切」と教わると思います。

ですが、営業活動においては、結論から話す重要性は、上司や先輩からあまり指導されていないように感じます。

個人向け営業や電話営業など、売る商材が決まっている場合は、セールストークの訓練を受けることがあります。法人向け営業では、ヒアリング内容に応じて提案をしていくことが多いため、その場の会話の内容に応じて話を調整していくことが必要です。セールストークの練習は、ほとんど行なわれていません。

そのため、オンラインにおいても、対面営業のときと同様に、その場の空気を読みながら営業をしてしまう人が出て来ます。そうなると、結論から話さないので、お客様に話のポイントが伝わりにくいのです。

オンライン商談は、営業ではなく、プレゼンだと思いましょう。「結論↓理由」この順番のクセを身につけておきましょう。決して「理由↓結論」ではありません。

😊 OKワード

▽○○さん、私の声は聞こえていますか？

オンライン商談が始まる前の「シーン」とした状況を打破するためには、1人1人に「○○さん、私の声は聞こえていますか？」と話しかけましょう。場がなごみます。

▽もう一度くり返します

くどいと思われるくらい繰り返して、ようやく相手にきちんと伝わります。重要なポイントは、強調するなり、繰り返すなりしましょう。

▽ここまでよろしいでしょうか？

テーマが切り替わるとき、休憩に入る前など場面が切り替わるときには、参加者に「ここまでよろしいでしょうか？」と確認すると、相手の反応がわかります。

▽画面をご覧ください

資料がある場合は、必ず画面共有をします。「共有した画面をご覧ください」というフレーズは、よく使います。

▽決められることは決めてしまいましょう

オンライン商談だと、重要事項を先延ばしにする人がいます。オンライン商談でも、対面商談と同じように、決められることはその場で決めてしまいましょう。オンラインは対面より「下」だと感じている人も多いです。

▽○○さんと△△さんは、このまま残って続けましょう

話を続けたほうがいい相手だけを残して、そのまま商談を続けたほうが、生産性が上がります。いったん商談を終わらせて、あとから電話やメールで話すのは非効率です。

NGワード

▼しばらくお待ちください

オンライン商談でこの言葉を使うと、全員がそろうか、商談が始まるまで「シーン」とした何ともいえない空気になります。

▼さっそくですが

オンラインでは雑談をせず、すぐに始めるという人もいます。私は、「空気感が伝わらないからこそ、場をあたためてから始めてもいいのではないか」と考えています。

▼次に行きます

オンラインでは伝わらないことが多いので、あせって進めるのではなく「ここまでで何かご質問はございませんか？」などと、言葉を投げかけましょう。

▼お手元の資料をご覧ください

オンライン商談で配布した資料は、必ず画面共有をしながら進めましょう。大切なのは、手元の資料ではなく、共有した画面です。オンライン商談で、手元に資料を印刷して持参する人は少ないです。

▼後日、詳細を詰めましょう

後日に持ち越すのではなく、オンライン商談が終わったあと、必要な関係者だけを残してその場で話を詰めましょう。

▼あとで、電話します

あとで電話をするのではなく、必要な関係者だけを残して詳細を詰めるか、その場でチャットを使ってやり取りしましょう。電話での会話は、お互いに慣れているので、つい優先順位が高くなってしまいます。

ロープレ

○オンライン営業の良い入り方（導入部分の例）

自分「○○さんこんにちは！　私の声は聞こえていますか？」

お客様「はい、聞こえていますよ！」

自分「ありがとうございます」

お客様「あと少しで全員そろうと思います」

自分「○○さんは、いつも早めに参加されるのですか？」

お客様「そうですね」

自分「△△さんが入られました。△△さん、こんにちは。私の声は聞こえていますか？」

お客様「はい、聞こえていますよ！」

自分「全員そろいましたので、始めさせてください」

オンラインでの商談は、相手の空気感がつかめません。そのため、少しでも場の雰囲気を和らげておいたほうが、スムーズに商談に入ることができます。

×オンライン営業の悪い入り方① (導入部分の例)

自分「全員がそろうまでしばらくお待ちください」

お客様「……」

自分「……」

自分「全員そろいましたので、始めさせてください」

×オンライン営業の悪い入り方② (導入部分の例)

自分「開始までしばらくお待ちください」

お客様「……」

自分「……」

自分「時間になりましたので、始めさせてください」

せっかく、Web会議システムに入っている相手がいるのですから「シーン」として待っているより、何らかの言葉を投げかけましょう。このまま進めると、商談中も空気感がつかめないままです。

トレーニング方法

オンラインに慣れるためには、経験を積むことが一番です。

一番実践的なのは、ＺｏｏｍなどＷｅｂ会議システムを使ってセミナーやミーティングを主催してみることです。自分の運営（リード）次第で、参加者の反応の違いが出ます。そこに気がつくことが重要です。最初は、オンライン飲み会みたいな感じで、知り合いだけを集めるのもいいでしょう。

音声だけになりますが、clubhouseでルーム（しゃべる部屋）を作り、モデレーター（司会役）をしてみると、司会進行がとてもうまくなります。音声だけですので、かなり鍛えられます。上手な人の運営方法から学べることもたくさんあります。「話の長い人の失礼のない切り上げ方」「注意事項は何度も繰り返すこと」「参加のお礼は、最後に全員の名前を読み上げる」など、私もずいぶん学ばせてもらいました。

第11章

交渉・折衝の最終局面で成約するには？

この章のねらい

交渉を有利に進める方法として、次の5つの交渉スキルがあります。

それは**「①感情に訴える、②根拠を示す、③強気に出る、④譲歩する代わりに条件を出す、⑤中間点を取る」の5つです。**これはぜひとも押さえておきたい交渉スキルです。

「①感情に訴える」方法は、あとひと押しする場面で使えます。背中を押す言葉にもなります。お客様との関係が構築できていれば、困ったときに助けてもらうこともできます。日頃からの関係作りが欠かせません。

「②根拠を示す」方法は、現代の営業では非常に重要視されるようになりました。上手にしゃべって説得するだけでは効果がありません。調べれば何でもわかる時代です。必ずデータや数字で根拠を示しましょう。

「③強気に出る」方法は、最近少なくなった気がします。理不尽なお客様も少なからず存在します。今後の関係性にも影響するので、すべてに使えるわけではありませんが、ビックリして契約してくれる人も多いです。

「④譲歩する代わりに条件を出す」方法は、ぜひ、使っていただきたいです。「お客様は神様」という時代ですが、すべて言いなりではいけません。相手の要求を受け入れる代わりに、交換条件を出しましょう。

「⑤中間点を取る」方法は、以前からよく使われていました。価格が折り合わないときに、間を取って決める方法です。少しでも自分たちに有利になるよう交渉をしますが、最後はこの方法に行き着くことも多いです。

この5つの交渉スキルは、デキるセールスパーソンであれば、ほとんどの人が「自然に使っている」方法です。少しでも交渉を有利に進めたいと思ったら、相手が納得する方法を示してあげるしかありません。

営業活動の流れの中で、この交渉・折衝の部分は、この先、購入するか購入しないかの分かれ目となります。

また、これらの交渉スキルに関連して、効果を上げる言葉と、効果を下げる言葉があります。言葉づかいにも注意しましょう。

法則 59

お客様が購入を悩んでいるとき

× 売れない人は

お願いします!

○ 売れる人は

ぜひ、何とか、ご購入をお願いします!

解説

お客様が購入を迷っているときは、背中を押してあげる必要があります。「やりましょう！」という言葉で勇気づける方法もありますが、私は相手の感情に訴えるのもありだと思っています。人間は、とても情に弱い生き物です。

感情に訴えるときは、相手の心に深く訴える必要があります。

ここでは、相手に伝わる言葉が求められます。心から感情に訴えようとすれば「ぜひ、何とか、ご購入をお願いします！」というように、深い言葉が出て来ます。同時に、**顔の表情、目線、身振り手振りなど、言葉以外の部分**にも表れますので、相手に伝わりやすくなります。

お客様との関係が構築できていれば、次のようなことにも使えます。

売上達成に苦しんでいるときに「今月だけ助けてください！」「私を助けると思って！」「そこを何とか！」などと、お願いすることもできます。

私は、この方法を使って、月末に追加発注をもらったことが何度もあります。日頃からの関係作りが、大切になってきます。

本当に困ったときは、お客様に心の底からお願いをしてみてください。お客様との関係が構築できていれば、何人かが助けてくれるはずです。

法則 60

お客様が購入の安心材料を求めているとき

× 売れない人は

他社でも採用実績があります

○ 売れる人は

○○社など10社で採用実績があります

解説

インターネットが発達した今、ネット上でほとんどの商品に関連する情報を取得できるようになりました。つまり、**セールスパーソンのトークだけでは信用されなくなったということです。**

ひと昔前であれば、お客様は詳しい情報を知らなかったため、セールスパーソンのその気にさせるセールストークによって、買うか買わないかが決まっていました。

もちろん、トークが上手なほうが有利ではありますが、それよりも今は**「なぜ、この商品なのか？」「お客様に提案する理由は？」「他社と比べてどう違うのか？」「どのようなデータに基づいているのか？」など、証拠を示す必要があります。**あいまいにして、ごまかして売る手法は今の時代、通用しません。

すでに採用実績があるなら、はっきりと示すべきです。

たとえば、一番、効果が高いのは「○○会社」と具体名を出すケース、次に、「50社で採用」などと具体的な数字を出すケースです。見積書でも「一式」が通用しない時代です。具体的に、何がいくらなのかを示さなければならないのと同じです。

法則 **61**

お客様があまりにも理不尽な要求をしてきたとき

× 売れない人は

ご希望に合わせるのは難しいです

○ 売れる人は

残念ですが、
今回は見送らせていただきたいのですが

解説

長年、営業活動をしてきましたが、大手企業など発注量が大きい会社ほど、理不尽な要求をしてくるケースが目立ちます。売上が計算できるので、どのセールスパーソンも一生懸命になるのは仕方ありません。一番やっかいなのは、発注量が少ないのに、無茶な要求ばかりしてくるお客様です。

相手の要求を受け入れてばかりでは、赤字がふくらんでしまい、取引しないほうが良かったということになります。そんなことを防ぐため、**相手の要求に対して断る勇気も必要だということです。**

言うことばかり聞いていると、相手になめられます。**お客様との関係や、自分の会社の方針にもよりますが、ときには強気に出たほうがいいケースもあります。相手を威嚇するのも、交渉の鉄則です。**

強気に出ると「おたくとは取引しない！」とか「他社に切り替える！」と言われると思いきや、お客様は驚いて「それは困ります！」とか「わかりました。何とかします」と、契約してくれることも多いです。

とはいえ、この方法は、できれば最終手段にしてください。言葉の伝え方によっては、それまでにつちかった信頼関係が一気に解消されてしまうこともあるからです。

法則 62

値引きと納期短縮の両方を頼まれたとき

× 売れない人は

わかりました

○ 売れる人は

値引きする代わりに、納期はプラス3日ください

解説

相手の要求をそのまま受け入れたほうが、今後のプラスになるときもありますが、何でもかんでも「はい、はい」と聞いているだけではセールスパーソン失格です。

安さだけを求めるお客様は、ほかに安い取引先ができると、必ず乗り換えられてしまいます。

今回は、商品やサービスを安く提供する代わりに「次回の発注の約束」「次は正規の値段に戻す」などの条件を約束してもらいましょう。

残念ながら、口約束しかできませんので、その通り守ってくれるかどうかはわかりません。とはいえ、約束しないよりは、約束したほうがいいです。私の経験では、半分くらいの人が守ってくれました。

口頭の約束だけで終わらせずに確約してもらうには、次回の条件ではなく、現在の条件を交渉するのです。今回の取引で交換条件を設けるようにしましょう。こちらは、確実に実行してもらえます。

たとえば、納期（納品日）に余裕が出るだけでも、外注先に交渉する手間が減ったり、アルバイトの人件費を節約できたり、工場の生産に余裕が出るので、大きいです。

法則 63

お互いの希望する価格が折り合わないとき

×売れない人は

御社のご希望に合わせます

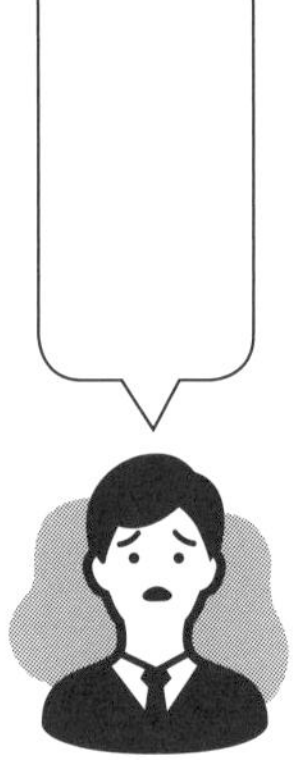

○売れる人は

中間点を取って○○円でいかがですか？

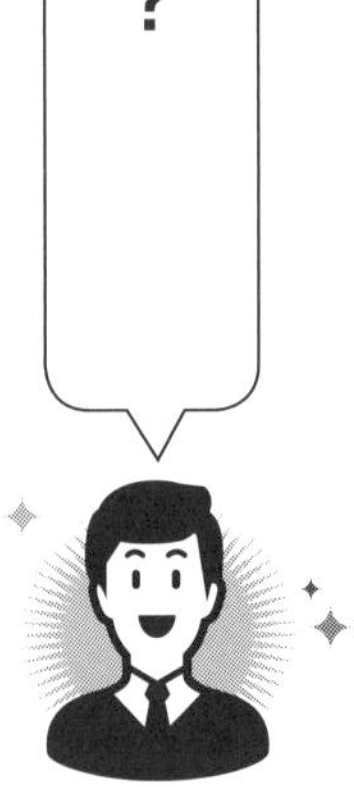

解説

お客様、セールスパーソンのどちらか一方が譲歩しない限り、お互いの希望価格が折り合うことはありません。

そもそも売る側は、だいたいの相場価格がありますし、一方買う側にも、希望価格があります。**購入する（売る）価格を話し合い、お互いに納得する価格を決めるまでのプロセスが、交渉です。**

セールスパーソンの側は少しでも高く売りたいですし、お客様の側は少しでも安く買いたいのが当たり前です。もちろんお客様のほうが立場が強いので、セールスパーソンはお客様の意見を尊重しながら、価格交渉を進めていきます。

どうしても、うまくまとまらないときは、中間地点を取って決めるのもありです。昔は、中間地点を取って値段を決めるということがよく行なわれていました。

一番やってはいけないことは、お客様の希望通りの価格をそのまま受け入れることです。これでは、他社との安売り合戦に巻き込まれてしまい、利益を上げるのが難しくなりますので、くれぐれも注意しましょう。売上だけを追い求めると、利益が少なくなってしまいます。

😊OKワード

▽その代わりに、○○をしていただけませんか？

相手の出した条件を受け入れるばかりではいけません。無理な条件を受け入れる場合は、交換条件を提案してみましょう。半分くらいの人が話を聞いてくれます。

▽○○社など△社と採用実績があります

交渉の場面では、証拠を示す必要があります。社名を伝えるか、具体的な社名が出せない場合は、たとえば「100社で採用」などと数字を出しましょう。

▽○○と言われます（言われています）

セールスパーソンがよく口にするのは「○○だと思います」という主観的意見です。要するに、自分がどう思うかです。それを客観的意見である「○○と言われます」という言葉に変えるだけで説得力が増します。

▽□□が「○倍」に増えました

効果を示すには、○倍という根拠（データ）を出すのが効果的です。さらに、効果的にするためには、小数点以下までこだわりましょう。きちんとしたデータだと思われます。

▽なぜなら（というのは）

前の内容についての説明を述べる接続詞です。根拠（理由）を述べるクセをつけるために、多用しましょう。「理由は○○です」という言葉でも大丈夫ですが、プレゼンのようにかしこまった印象を与えてしまいます。

▽○社（個）で試しましたが

「効果が上がった」などの根拠を示すとき、実際に「何社で効果があったのか？」「何個調べたのか？」「何人から聞いた意見なのか？」がないと信用されません。必ず、n数（サンプル数）を示しましょう。

NGワード

▼決裁権がないので

自分で判断できない気持ちはわかりますが、お客様は、あなた個人ではなく、あなたの会社と取引をしているのです。誰も、あなたにすべてを判断してほしいとは思っていません。

▼私に言われましても

セールスパーソンは会社の代表として、お客様とやり取りをしています。責任を持って対応すべきです。逃げるような言葉を使っても、逃げることはできません。

▼前任者がいないので

お客様には、セールスパーソンの会社の都合は関係ありません。「引き継ぎをしていないの?」「どういう管理をしているの?」と悪い印象を与えてしまいます。

▼とりあえず

プライベートでは問題なくても、ビジネスで使うと相手を不愉快にしますのでNGです。相手がはっきりと決断してくれない場合、契約させようとして使ってしまいがちです。

▼無理です（と言い切る）

セールスパーソンが、はっきりしすぎると良い印象を与えません。相手の気持ちを受け止める余裕も必要です。「そのままだと難しいですが、こちらであれば何とか……」などと、代替案を提示すべきです。

▼費用対効果（投資効果）が高いです

根拠がないのに言ってはいけない言葉です。「うちのビジネスをどれだけわかっているのか？」と反論されて終わりです。経営コンサルタントや税理士（公認会計士）が使うならわかりますが。

セールスパーソンの主観的な意見ではなく、第三者の客観的なデータを使って示す必要があります。非常に重要視されるトークです。

○根拠（エビデンス）を示す会話の例

自分「この広告デザインに近いと、集客効果が出ると思われます」

お客様「そうなんだ」

自分「ある店舗でこのデザインに変えたら、集客力が平均で2・4倍アップしました。4店舗で試しましたが、どの店舗も1・5倍〜2倍に増えています」

お客様「それは期待できそうだね」

自分「ぜひ、このデザインで広告を作らせてください」

お客様「わかった。お願いするよ」

自分「見積り金額を出させていただきますね」

「集客効果が上がる」といっても、具体的にどれくらい上がるのかわからなければ、お客様はお金を払って依頼しようとは思いません。効果に加えて、他社の事例なども付け加えると、より説得力が増します。

×根拠（エビデンス）を示さない会話の例

自分「この広告デザインに近いと、集客効果が出ると思われます」
お客様「そうなんだ」
自分「このデザインに変えた店舗は、集客力が上がっています」
お客様「そうなんだ。でも、本当に効果が出るのかなあ……」
自分「大丈夫です。他店舗で成果が出ていますので」
お客様「う〜ん、どうしようかなあ……」
自分「私を信じてください」

「効果が上がる」としか伝えていないので、お客様は半信半疑の状態です。このような状況で、いくらセールスパーソンが説得しても、なかなか成約にはつながらないでしょう。言葉だけでは説得できません。

トレーニング方法

家電量販店で値引き交渉をして、どうやったらうまくいくかを体感しましょう。

○具体例の条件

家電量販店で55型有機ELテレビを買うシーン。自分の希望は23万円だが、お店は25万円が値引きの限界の模様。

○根拠を示す

「ネット価格の22万円にそろえてくれとは言わないから、せめて24万円で何とか」

○条件をつける

「値段はあきらめるから、外付けHDD（1万円相当）を付けてもらえませんか？」

第12章

会議やプレゼンをうまく進める

この章のねらい

会議、セミナー、プレゼンテーションなどを上手に進めるには、コツがあります。もちろん、慣れや経験も必要ですが、コツを知っているか知らないかで大きく差がついてしまいます。

セールスパーソンには、会議を進行し、セミナーを開き、プレゼンをするという役目があります。

複数のお客様が集まっての打ち合わせは、会議に近いです。複数のお客様に向かって説明をするのであればプレゼンです。不特定多数のお客様に向かって説明するのであれば、もはやセミナーです。

日本企業は、とても会議が好きです。たくさん会議をしている割には、何も決まらず時間がすぎてしまうことがしばしばあります。目的意識を持って、会議で何を話し、何を決めるのかを明確にする必要があります。

日本人は、大学入学までは必死で勉強をしますが、社会人になってから勉強する人は一気に減ります。そのため、セミナー、プレゼンなど、数時間拘束されて話を聞きつづけることに慣れていません。**興味があって参加している場合を除き、会議やプレゼンを進行する側が工夫をしないと、参加者に集中力をキープした状態で話を聞いてもらうことはできません。**

また、そもそも大半の日本人は、人前に立って話をするのが苦手です。普段の会話ですら自己主張をすることは少なく、話を言い切るよりも、あいまいに表現することのほうが多いです。

さらに、現状では、一部の企業を除いて、仕事でプレゼンする機会はほとんどありません。プレゼンのやり方の知識もないうえに圧倒的に経験が不足しているのです。

ですから、お客様との会議やプレゼンにおいて、参加者を飽きさせないように工夫し、相手に行動をうながす話し方のスキルを学ぶ必要があります。この章では、スムーズに進行するスキルや人前に立って話すコツをお伝えします。

プレゼンスキルが上がると、伝え方のレベルが自然に上がります。

法則 64

会議の冒頭で

× 売れない人は

では、始めていきます

○ 売れる人は

本日のゴール（目標）は○○です

解説

働き方改革や新型コロナウイルス感染症の影響で、長時間の会議が見直されています。**関係者が集まって方針を決める会議は欠かせませんので、短時間で成果が出るよう工夫する必要があります。**

たとえば、大手企業向けの法人営業では、新製品や新サービスの新規採用会議や、大きな不具合発生時などの報告会議もあるでしょう。私は、以前このような会議をうまくまとめることができず、とても苦労した経験があります。

いきなり「では、始めていきます」とスタートするのではなく、会議の冒頭で「本日のゴール（目標）は○○です」と目的を共有しましょう。ゴールを決めることを目標にして、話が脱線しないように意識させます。ゴールから逆算して時間をコントロールしていきます。

日本企業は、遅刻にはとても厳しいですが、終わる時間にはとても寛容です。そのため、会議がダラダラと続き、話が脱線して、目的が達成されないまま終わってしまうことがしばしばあります。そうならないように、会議をリードするときは、本日のゴールをクリアすることに全力を尽くしましょう。

法則 65

セミナーやプレゼンの冒頭で

× 売れない人は

本日のテーマは、○○となっています

○ 売れる人は

本日は、○○に役立つポイントをお伝えします

解説

近頃のセールスパーソンは、プレゼンテーションのスキルを求められることが増えてきました。

これまでは、IT業界、広告業界など、プレゼンの機会が多い業界と、そうでない業界に分かれていましたが、今後はどの業界でも確実にプレゼンスキルが必要になるはずです。

法則64でもお伝えしましたが、会議の冒頭に「本日のゴールは○○です」と目的を共有すると方向性が示せるようになります。

それが、セミナーやプレゼンという形になると、もう少し冒頭での工夫が必要になります。**「本日のテーマは、○○となっています」とテーマを示すだけではインパクトが弱く、「本日は、○○に役立つポイントをお伝えします」などと、受講者の気持ちを高めたほうが良いでしょう。**セミナーやプレゼンは、講師から受講者に対して話が一方的になりやすいため、話の冒頭で受講者に興味を持たせる必要があるのです。

セミナーもプレゼンも、初めの5分で何を伝えるかで、そのあとの話を聞いてもらえるか、もらえないかが決まってしまいます。初めの5分のために、事前に時間を使って練習しておきましょう。

法則 66

話を聞いてもらいたいとき

× 売れない人は

前を見てください

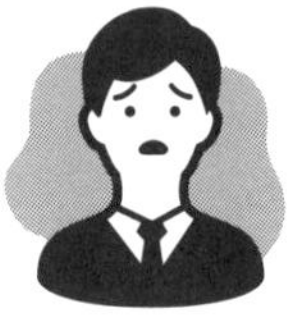

○ 売れる人は

……（3～5秒沈黙する）

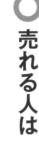

解説

セミナーやプレゼンで、講師は受講者に話を聞いてほしいとがんばっているのに誰も反応しないという悲しい光景を見たことはないでしょうか？

慣れている人であれば**「前を見てください」「これから重要なことをお伝えします」「ここポイントです」**などと、受講生を動かすことができますが、慣れていない人は、これらの言葉が自然に出せなかったりします。

参加者が自分のほうを向いていないのに、しゃべりつづけることは避けなければなりません。結局、何も話が伝わっていなかったということになります。

簡単で効果的なのは「沈黙する」ことです。沈黙が続くと「何かあったのか？」「どうしたのか？」と気になって顔を上げる人が出て来ます。つられて、ほかの人も顔を上げるようになります。慣れていないと、沈黙を恐れて、しゃべろうとしますが、逆効果です。沈黙を上手に活用して、話のリズムを作りましょう。

また、別のスキルとして「ホワイトボードに板書する」のも有効です。講師がペンを持ち、ホワイトボードに何かを書き出したら、重要なことだと思う人が多いようです。

法則 67

参加者に話し合ってもらいたいとき

× 売れない人は

では、お願いします！

○ 売れる人は

では、やってください

解説

会議、セミナー、プレゼンなどで参加者に動いてもらいたいときは、具体的に「行動」をうながす言葉がけをする必要があります。**受講者が反応しない、伝わっていないと感じるときは、あいまいな言葉がけになっている可能性があります。**

たとえば、受講生にワークをしてほしい、近くの人同士で話し合ってほしいときに、「お願いします！」という言葉がけをしたとします。

一見、正しい言葉がけのように思えますが、これだと反応してくれる人と反応してくれない人が出て来ます。ときには、「何をすればいいのでしょうか？」などと質問されることもあります。これは、「具体的に何をすればいいのか」が伝わっていない証拠です。

ここでは、行動を示す言葉を投げかけなければなりません。具体的には「やってください！」という言葉です。「ワークをしてください」「話をしてください」という言葉の投げかけと同じ意味を持ちます。

上司から部下に対して、セールスパーソンからお客様に対して、セールスパーソンから他部署に対して、先生から生徒に対してなど、行動させる法則はすべて同じです。

法則 68

相手の記憶に残したいことを言うとき

× 売れない人は

○○です（同じ言葉を単に繰り返す）

○ 売れる人は

大切なのでもう一度お伝えします！

解説

相手に伝えたつもりでも、伝わっていないことはよくあります。プレゼンやセミナーなどは、打ち合わせや会議とは違って、双方向になりにくいため、相手に確認をしながら進めることが難しいです。

相手に重要なポイントを意識してもらうためには、伝えた内容を「繰り返す」しかありません。とはいえ、繰り返し方にも工夫が必要です。ただ単に、同じ言葉を繰り返すだけでは、意識していない人にとっては気になりません。人によっては「さっきも聞いたけど」「くどいなあ」などと思うかもしれません。

そこで、伝える側は「大切なのでもう一度お伝えします!」と前置きをすることで、重要だと意識させることができるようになります。「重要だと意識させる」＋「もう一度繰り返す」ことで、二度にわたって重要だと意識させることができます。

一番ダメなのは、重要なポイントを、繰り返すこともせず、さらっと流してしまうことです。

これはプレゼンやセミナーだけではなく、打ち合わせや会議でも使えるスキルです。

法則

69

終了時刻を守ってもらうために

× 売れない人は

今から10分間でお願いします

○ 売れる人は

10分後の○時○分までです

解説

会議でも、セミナーでも、休憩時間内に席に戻って来てもらうためには、講師（プレゼンター）の言葉がけが非常に重要となります。

ちょっとした言葉の違いで、相手が反応したり、反応しなかったりという差が出てきます。

「今から10分間でお願いします」という言葉がけでは「今」という基準が人によって変わってしまいます。

たとえば、11時5分から10分間の休憩に入るとします。人によって時計を見るタイミングが違ったりして、11時4分が基準の人、11時6分が基準の人ができてしまいます。「今」の時間を確認しない人もいますので、5分経過してから「何時までですか？」と聞いてくる人もいます。

これらのことを避けるには、休憩は「10分後の11時15分までです」と伝えることで、意識させる時間を統一することができます。どのタイミングで時計を確認したとしても、11時15分という時刻には変わりがありません。確実に約束を守ってもらうためには、共通の時刻を示すことを心がけましょう。

講師（プレゼンター）のちょっとした言葉がけの違いです。

法則 70

理解を深めてもらいたいとき

× 売れない人は

レジュメをご覧ください！

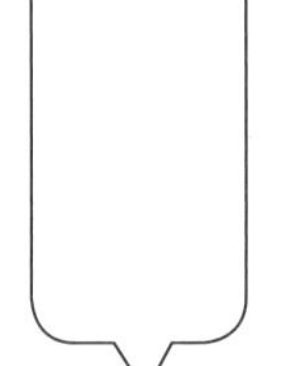

○ 売れる人は

テキストをご覧ください！

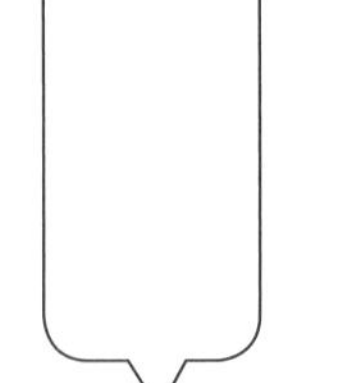

解説

レジュメとは、発表内容の要点をまとめた配付資料のことです。アジェンダとは、会議や打ち合わせの進行予定のことです。トピックとは、打ち合わせなどの題目、話題のことです。**プレゼンや研究報告、会議、打ち合わせなどに慣れている会社は、レジュメ、アジェンダ、トピックなどのカタカナ言葉をよく使います。**

このほかにも、**ジャストアイデア（思いつき）、コミットメント（約束）、イシュー（問題）、エビデンス（根拠）**など、話す際に補足が必要なビジネス用語はたくさんあります。

お客様が、これらの言葉を日常的に使っている場合は問題ありませんが、お客様が慣れていない場合は、言葉を言い換えましょう。

こうした気づかいは中小企業ほど必要になります。

アジェンダであれば「テキストに書いてある目次、進行表」、レジュメであれば「テキスト」、トピックであれば「テーマ、題目」などと、なじみのある言葉のほうが、圧倒的に伝わりやすいです。

普段、自分が当たり前のように使っている言葉が、違う会社、違う業界に行くと、知らない人たちもいるということを意識しておきましょう。

☺OKワード

▽この会議のゴールは○○です

ダラダラと何も決まらない会議にしないために、ゴールを設定してから始めましょう。「決める内容」「終了する時刻」などを最初に宣言しましょう。

▽○○に役立つ内容をお届けします

冒頭で、参加者にどういうメリットがあるかを伝えることで、興味を持ちながら聞きつづけてもらえます。

▽では、○○してください

具体的に、何をするのかを示すことが重要です。「グループで話し合う」「自分で考える」「発表する」などと、はっきり示してあげることです。

▽○時○分までになります

始まりの時間ではなく、終わりの時間を示してあげることで、すべての人に伝わる言い方になります。

▽配布資料の○ページをご覧ください

配付資料を見てほしいときは、具体的に○ページと示す必要があります。特定の箇所を見てほしい場合は、○ページの○行目まで示してあげると親切です。

▽今からポイントをお伝えします

伝える側が思っているほど、相手には伝わっていません。重要な箇所は、何度も繰り返して強調することが必要です。繰り返す前に「ポイントをお伝えします」と前置きをすることで、さらに強調されるようになります。

▽1人○分で発表をお願いします

ほかの参加者のことを考えず、だらだらと長く話す人がいます。参加者を平等にする、時間をコントロールするためにも、○分と先に念を押しておきましょう。

▽○○と□□は必ず話してください

「何でもＯＫ」とあいまいにすると、何を話したらいいか迷う人が出て来ます。具体的に「○○を話してください」と話す内容を示すことで、迷うことがなくなります。

NGワード

▼では、お願いします

行動を示していないため、具体的に何をしたらいいかわかりません。このような投げかけをすると、どうしたらいいか迷う人が出てきます。

▼○分でお願いします

時間を示したのはいいですが、どこを基準として○分なのかわからなくなる人が出て来ます。受講者は、講師が思うほど話をちゃんと聞いていません。

▼アジェンダをご覧ください

カタカナ用語は、わからない人もいるので状況によって使い分けましょう。普段から使い慣れている人は多用しますが、社外では通じない人もいます。

▼何でもいいので話してください

あいまい、テーマが広すぎて、何を話したらいいか、わからなくなります。具体的に、何を話すのかをはっきりさせましょう。

▼配布資料をご覧ください

きちんと聞いている人ばかりではないので、配付資料のどこを見るのかわからない人が出て来ます。聞いていても、すぐ理解できない人もいます。具体的に、何ページの何行目を見るのか示してあげましょう。

ロープレ

○時刻をきちんと示す会議、セミナーの例

講師「1時間経ちましたので、休憩に入ります」
参加者「(ああ、疲れた)」
講師「今から15分後の14時30分まで休憩とします。時間になったら、席までお戻りください」
参加者「(トイレに行こう)」
講師「(ホワイトボードに14時30分までと板書)」
参加者「(14時30分までならタバコ行けるな)」

休憩の終了時刻を示すことで、何時までなのかがはっきりとわかります。戻って来る時間を意識するようになります。さらに、終了時刻をホワイトボードに板書することで、講師に質問する人はいなくなります。

×時刻をあいまいにした会議、セミナーの例

講師「1時間経ちましたので、休憩に入ります」
参加者「(ああ疲れた)」
講師「今から15分の休憩に入ります。時間になったらお戻りください」
参加者「(トイレに行こう)」
講師「(準備中)」
参加者「すみません、何時まで休憩ですか？」
講師「14時30分までになります」
参加者「ありがとうございます」

時刻をはっきり示さないと、休憩が終わる時刻を聞かれることになります。聞きに来る人ばかりではなく、中には、仕事の電話につかまって時刻通りに戻って来ない人も出て来ます。

トレーニング方法

セミナー会場を借りて、セミナーを開催してみましょう。最初は、知り合いだけでもOKです。自社の会議室で数人集めて、実際にプレゼンをしてみましょう。セミナー終了後に、講師の運営で良かった点、悪かった点を教えてもらうことで、修正点を見つけることができます。

○2〜3人で開催
社内の会議室や、マンションの一室を利用した安価な貸しスペース。

○5〜6人で開催
社内の会議室や、貸し会議室の小さいセミナールーム。

○オンライン開催
Ｚｏｏｍなどを利用したＷｅｂ会議システム。

第13章

次の商談につなげるには？

この章のねらい

営業活動において、商談1回で成約できることはほとんどありません。商談1回で成約できる可能性があるとしたら、チラシを見た、DMを見た、ホームページを見たなど、すでに購入する前提でお客様と商談をしているケースに限られます。次の商談につなげることは、セールスパーソンにとって必須の作業です。まず、ここを意識しましょう。

営業といえば、お客様からの問い合わせや連絡を待っているのではなく、営業側から仕掛けていくのが基本です。

たとえば、営業側からテレアポや飛び込み営業などでアプローチを行ない販路開拓や顧客開拓につなげるアウトバウンド営業（プッシュ型営業）があります。断られることがほとんどですが、商談までこぎつけたとしても、1回会っただけで成約できることはありません。ルート営業でも、営業側から企画提案をしていく提案営業は、何度も通ってヒアリングしながらお客様に合った商品やサービスを提供していきます。お客様の問題解決をするソリューション営業なども、何度も会ってヒアリングを重ねないと、お客様の問題点は見えてきません。

お客様との信頼関係を深めるため、提案した商品やサービスを購入してもらうためには、回数を重ねるしかありません。そのために重要なのが2回目のアポの取り方です。

多くの人は、1回の商談だけであきらめてしまったり、2回目の商談は、会社に戻ってあとで対応しようとしてしまいます。その場で次回のアポの提案をしないと、本来なら取れたであろう次回のアポも取れなくなってしまいます。次の商談のアポは、商談をしている「今」が重要です。なぜなら「今」がお互いの気持ちが高まっているピークだからです。

次のアポは、商談の終わりがけに、必ずその場で取りましょう。アポの提案をして断られたら、後日改めて提案すればいいのです。そのため、営業から「次回会うための理由をつける」「その場で決める言い方」「あと回しにしない」などの工夫が必要となります。

法則 71

商談が盛り上がって終わったとき

×売れない人は

改めて連絡します

○売れる人は

次回の日程を決めませんか?

解説

1回だけの商談で、購入が決まるケースはほとんどありません。特に、高額商品を売る場合や、担当者と決裁者が違う法人営業では、商談回数を重ねることが、非常に重要になってきます。

できないセールスパーソンがやってしまいがちなのは「改めて連絡します」と、時間を空けることです。お互いの気持ちが一番盛り上がっているのは、その場で商談をしているときです。

間を空けてしまうと、よほど相手との信頼関係が構築できているか、商品やサービスを気に入っている場合でないと、次のアポを取るのが難しくなってしまいます。

セールスパーソンが、改めてアポを取るのが面倒になって、先延ばしすることにもなりかねません。

せっかくなら、盛り上がっているときに、次回の予定を決めてしまいましょう。商談の最後で「次回の日程を決めませんか?」と確認することで、会える確率が高まります。

相手の興味がない場合は、その場で断ってくるか、話をはぐらかされますので、相手の興味の度合いもわかります。

法則 72

次のアポを何とかして取りたいとき

×売れない人は

また、おうかがいしてもよろしいでしょうか?

○売れる人は

今度カタログを持参させてください!

次のアポを確実に取りたい場合は、何でもいいので会うための理由づけが必要です。

現代社会は、1人あたりの業務量が増えて忙しいので、お客様は会う理由が明確でない人に時間を割いてくれることはありません。

私がセールスパーソンに成り立ての頃、デキる先輩に、次に会う理由がなくならないように「情報は小出しにしなさい！」と教わりました。現代の営業に使えるかどうかは別として、それだけお客様と会う理由というのは大切だということです。

解説

「また、おうかがいしてもいいでしょうか？」という会う理由がわからない言い方ではなく、「今度カタログを持参させてください！」など、「会いたい理由」をきちんと伝えましょう。

今どきは電子カタログが主流になってはいますが、紙のカタログを好む人もそれなりに多いです。それは電子書籍が広まった今でも、書店で紙の書籍が売れているのと同じことです。

アポを取るより、会う理由を考えるほうが難しいかもしれませんよ。会う理由を考えることに頭を使いましょう。

法則 73

「忙しいので」とはぐらかされたとき

× 売れない人は

落ち着いたらお願いします！

○ 売れる人は

いつ頃、落ち着きますでしょうか？

解説

「忙しいので」とはぐらかされた場合、2つのパターンがあります。1つ目は「本当に忙しい」場合で、2つ目は「断り文句」として使っている場合があります。

「はい、わかりました。落ち着いたらお願いします」などと言っているようでは、営業失格です。これだけでは、実際にどちらの理由なのかはわかりません。セールスパーソンは、相手が迷惑と感じないギリギリのラインまでは粘らないといけません。

この場面では「いつ頃、落ち着きますでしょうか?」と確認しましょう。本当に忙しい場合は、いつ落ち着くのかを教えてくれます。落ち着く時期がわかれば、その頃に連絡すればいいのです。

一方、断り文句の場合は「当分厳しいかな」「現時点ではわからない」などと、遠回しに断ってきます。

断り文句ではなく、本当に落ち着く時期がわからない場合もありますので、判断に迷うこともありますが。

簡単に引き下がるのではなく、本当に忙しいのか、断り文句なのかを見分けることも必要なのです。

法則 74

展示会を開催するとき

×売れない人は

展示会を開催するので
お越しいただけませんか?

○売れる人は

御社で展示会をさせてください!

解説

お客様に自社の商品を知ってもらうには、展示会はとても良い機会です。特に、有形商材を売っている会社、製造業（メーカー）には有効な方法です。直接、実物を見ていただくことができます。

東京、大阪、愛知など、大都市圏ではよく展示会などが開催されていますので、そこに出展するのもありです。大規模な展示会に出展するときは、**お客様に案内状を出したり、直接、手渡ししたりする機会ができるため、接点を持ちやすくなります。**ただ、出展費用は高額で、時期も限られてしまいます。

日頃から、お金をかけずに展示会を開催することも可能です。**それは、お客様先で展示会をさせていただく方法です。**セールスパーソンは、展示会に呼ぶことばかり考えており、展示会を開催させていただくという視点が抜けています。ぜひ、積極的に提案してみてください。

かつて私は、販売店（代理店）の会議室だけではなく、同業者が集まって大手メーカーの一室を借り、展示会を開催したこともあります。普段、お会いできない人と名刺交換できますし、同業者と知り合いになることもできます。人脈作りにも役立ちます。

法則 75

期日を決めるとき

× 売れない人は

いつがご都合よろしいですか?

○ 売れる人は

来月の◯日は、いかがですか?

解説

次の商談日を決めるときは、セールスパーソン側から日時を提案したほうがスムーズです。

「いつがご都合よろしいですか？」と確認して、すぐに答えてくれるお客様であれば、それでもいいでしょう。

しかし、この言い方は、実は危険な言葉でもあります。「いつ？」と広く聞いているため、次の商談に前向きでないお客様に対しては「今、決めなくてもいいよね」「すぐでなくても、3カ月後くらいでいいのではないか」「ほかの予定が入るかもしれないから、今は予定を入れたくないなあ」などと、考える隙を与えてしまうのです。

「来週の○日は、いかがですか？」とか、月の後半であれば「来月の○日は、いかがですか？」などと「はい」「いいえ」で迫ったほうが確実です。

なかなかこの場で「いいえ」とは言いにくいので、都合が良ければ「はい」、都合が悪ければ別の日時を教えてくれます。

多少、強引に見えるかもしれませんが、具体的な日にちを提案しているセールスパーソンのほうが、確実に成果をあげています。アポを取るのに遠慮することはありません。はっきりとリクエストしましょう。

😊OKワード

▽次回、カタログ（パンフレット）を持参させてください

「わざわざ持参いただかなくても」「送ってもらえば大丈夫ですので」と遠回しに断られることもあります。「時間は取らせない」「置いて帰る」などと伝えれば、受け入れてもらえることも多いです。

▽次回、新製品（新プラン）をご紹介させてください

お客様が、まったく興味がない場合は別ですが、新製品の話を聞いてみたいと思う人は多いです。アポを取りやすいタイミングでもあります。

▽次回、私の上司をご紹介させてください

「上司を連れて来る」と言われたら、なかなか断りづらいものです。自分の上司を会わせることで、担当者の上司と会うチャンスも広がります。

▽次回の日程はいつにしますか？

その場で、次のアポをうながしましょう。次に「○日はいかがですか？」と日程を決める質問へ持っていきましょう。相手から候補日を出してもらった場合、万が一、こちらの都合が悪いと失礼にあたりますので、可能であればこちらから提示しましょう。

▽今度、○○にご一緒しませんか？

次のアポが取りにくい場合は、イベントに誘ってみたり、食事に誘ってみたりするのもいいです。関係が浅いと断られることがありますが、チャレンジしてみる価値はあります。

▽工場を案内させてください

製造業であれば、工場を見ていただきましょう。お客様から言われないと、工場見学にお連れしないセールスパーソンも多いです。展示ルームがあれば、そちらにも誘ってみましょう。

NGワード

▼改めて連絡します

この言葉を使っている人はたくさんいます。改めて連絡しなくても、今決められるなら、決めてしまったほうが、次のアポが取りやすくなります。

▼落ち着いたらお願いします

「今、忙しいので」とはぐらかされたときに、使ってしまいがちな言葉です。まず「いつ頃落ちつきますか？」と確認して、断られてからこの言葉を使いましょう。

▼落ち着いたら連絡いたします

セールスパーソン側の都合で判断しているように聞こえる言葉です。「忙しい」「落ち着かない」など、誰もあなたの都合は聞いていません。

▼○日は空いていらっしゃいませんか？

用件を言わずに、いきなり空いているかどうかを確かめるのは、ビジネスの場面では相手に失礼です。必ず、理由を話してから、確かめるようにしましょう。少し強引な人に多い気がします。

▼○○にご興味はございませんか？

いきなり、「○○にご興味はございませんか？」と聞いてくる人がいます。もしかしたら、何かを買わされたり、あやしげなセミナーや会合に誘われたりするのではないかと身がまえてしまいます。先に理由を話してから誘いましょう。

▼またおうかがいさせてください

社交辞令で使うことはありますが、次の商談に結びつけるには、少し弱い言葉です。この言葉だけでは、何も起こりません。相手も、社交辞令だと思っていますので、その場でアポを取って本当にうかがうくらいの気持ちが必要です。

ロープレ

×日程をその場で決めず、次のアポがあいまいになるパターン

お客様「今日、だいたいまとまりましたが、あと1回くらい打ち合わせしたいですね」
自分「そうですね」
お客様「上司に確認して、改めて連絡します」
自分「ご連絡をお待ちしております」
お客様「よろしくお願いします」

お客様が上司に確認して、こちらに連絡をするという2つのステップがあり、これが足かせとなります。例のように、次回の打ち合わせを必要としているケースであればいいですが、どちらでもいいようなケースでは、こちらから催促しないと返事をもらえないこともあります。催促したときに、断られる可能性もあります。時間が経つとお互いに熱が冷めています。

○日程をその場で決め、確実にアポが取れるパターン

お客様「今日、だいたいまとまりましたが、あと1回くらい打ち合わせしたいですね」
自分「そうですね。ちなみにいつ頃がよろしいでしょうか？」
お客様「書類の確認が必要ですので、2週間後くらいですかね」
自分「2週間後ですと、20日前後ですね。せっかくなので、日程を決めませんか？」
お客様「今から、上司のスケジュールを確認します」
自分「はい」
お客様「20日の13時なら大丈夫そうですね」
自分「20日の13時ですね。それでお願いいたします」

次も打ち合わせの予定があるなら、今決めてしまったほうが得策です。ある程度の会社であれば、上司のスケジュールをクラウド上で確認できるはずです。あと回しにすると、お客様の熱が冷めることも多く、次につながらないということも出て来ます。タイミングを逃してはいけません。

トレーニング方法

友人、彼女（彼氏）、妻（夫）と、その場で次の約束をする練習をしましょう。日程が先ではなく、目的を先に伝えましょう。

〈例〉デート

自分「今日は楽しかったね」
相手「楽しかったね」
自分「次は、いつ会えるかな」
相手「そうだね。いつにしようかな」

↓

自分「次は、遊園地に行かない？」
相手「行きたい！」
自分「いつにしようか。○○日はどう？」
相手「いいよ。楽しみだなあ」

第14章

テストクロージングをかけて購入度合いを探る

この章のねらい

売れるセールスパーソンになるために必要なことは、商品やサービスを買わない相手に時間をかけすぎないことです。商談の途中で、商品を買うか買わないかの判断をして見極め、お客様に白（買う）、黒（買わない）という判定をしていかなければなりません。

白なら、このまま商談を続け、黒なら手を引きます。グレーなら、数カ月後に再チャレンジするなど、作戦を変えていきます。

この白と黒にラベリングしていく行為が、テストクロージングです。お客様が実際に商品やサービスを買う気があるかどうかを探り、このまま商談を進めてもいいのかどうかを確認する作業です。

売れないセールスパーソンは、買わない相手に時間をかけすぎています。何度もお客様先に通い、丁寧に説明をしたのにもかかわらず、断られてしまっては意味がありません。断られるとショックで立ち直れないときもあります。

注意したいのは、「お客様の反応が悪いから」「買いそうにない雰囲気だから」と、勝手に「黒（買わない）」と判定をしないことです。買いそうにないお客様が買ってくれたり、買うのは間違いないと思っていたお客様が買わなかったりするのはよくあることです。

商品説明のあと、質問が多いほど興味があることがわかりますが、空気感だけで判断してはいけません。

テストクロージングは、必ず、言葉によって確認します。「ご興味はありますか？」「ご購入されるお気持ちはありますか？」というような言葉です。

テストクロージングのタイミングは、商談の最後ではなく、商談の途中です。商談の初めでは早すぎますし、商談の最後では遅すぎます。

ベストタイミングとしては、「商品説明のあと」か「金額提示の前」です。「商品説明の前」に「ご興味がなかったら断ってください」と前置きをするケースもあります。

この章では、相手の意思を確認する質問について学びます。

法則 76

説明後、お客様が無言になったとき

✕ 売れない人は

気になる点はございましたか?

○ 売れる人は

いかがでしたでしょうか?

解説

商品やサービスの説明をしたあと、お客様が無言になることがあります。たいていは、「何かを考えている」ため、無言になります。**無言（沈黙）の状態のときは、セールスパーソンから口をはさまず、お客様に考える時間を与えるのがベストです。**ですが、あまりにも長い時間、無言（沈黙）の状態を作ると、商談のリズムが悪くなります。そんなときは、数秒（3〜5秒くらい）待ったあと、自分から話しかけましょう。

ここで間違えないでほしいのは、テストクロージングだということです。**気になる点を確認して追加で説明を加えるのではなく、興味があるかどうかを確認する作業を行なわなければならないのです。**

個人向け営業だと、「本当にこれを選んでいいのだろうか？」「よくわからないけどどうしよう？」と、商品やサービスの説明より「本当に決めていいのか？」を迷っていることが多いです。セールスパーソンが思っているほど、詳しい説明に興味がありません。

法人向け営業だと、コストパフォーマンスに厳しいので、疑問点があれば必ず聞いてきます。疑問点を説明したあと、興味があるかどうかを確認するといいでしょう。

法則 77

説明後、お客様が「興味がありそう」なとき

× 売れない人は

さっそく見積りをお出ししますね

○ 売れる人は

私は何をさせていただけばよろしいでしょうか？

解説

お客様が、商品やサービスに「興味がありそう」だと、すぐに見積もりを出して、次のステップに進めようとするセールスパーソンがいます。**なるべく早く契約したいのはわかりますが、あせって進めるとよくありません。**ひと呼吸置きましょう。

そもそも見積りを出したからと言って、必ず成約できるわけではありません。値段を聞かれるなど、必要なタイミングが来たら見積りを出せばいいのです。ここでは、お客様に「どうしてほしいのか」をゆだねましょう。**営業が主導となってコントロールしすぎると、どこかで反発されます。**あとから「本当は違うことが聞きたかった」「こちらの気持ちに寄り添ってくれなかった」などと言われることがあります。

お客様自身で決めたことは、途中で投げ出したくないので、責任を持つようになります。「私は何をさせていただけばよろしいでしょうか？」というような問いかけをすることで、「値段を教えてください」「納期はどれくらいかかりますか？」「サンプルを見せてください」「もう一度説明をお願いします」など、具体的なアクションを示してくれます。ただし、あくまでも「興味がある」ということが前提です。

法則 **78**

説明後、お客様が迷っているとき

× 売れない人は

引っかかっていることがあったら教えてください

○ 売れる人は

買うか買わないかは別として、買ったとしたらどうなりますか？

解説

説明したことに対して、疑問点、不明点などを解消するだけで終わってしまっては、テストクロージングにはなりません。**必ず、興味があるかないかまで、深堀りをしていく必要があります。**「興味がある」「興味がない」を確認できれば、テストクロージングとしては成功です。もう一歩進んで、どれくらいの割合で興味があるかを探る方法があります。それは、「買うか買わないかは別として、買ったとしたらどうなりますか？」と聞いてみることです。

この質問は、クロージングの場面で、購入を迷っているお客様に「手に入れた未来を想像させワクワクさせる」方法として使います。実は、テストクロージングの場面でも使えます。**この質問を使うと、興味がある人、購入したいと思っている人からは、「ワクワクした」「生活が変わりそう」などという答えが返って来ます。**そうなると、多少、強気にクロージングをしても契約をしてもらえるようになります。

法人の場合では、「コスト削減につながる」「便利になって社員が喜んでいる」「生産性が上がる」などの答えであれば、クロージングをかけて成約を目指しましょう。

法則 79

複数の案を提案するとき

× 売れない人は

気に入ったものはございましたか?

○ 売れる人は

この中ではどれがよろしいですか?

解説

お客様に提案するときは、1案だけよりも複数案を提案をしたほうが選んでもらいやすくなります。せっかく、複数提案したにもかかわらず、セールスパーソンの投げかけが悪いと、効果が半減してしまいます。どの案に興味があるのかを確認する作業です。

「気に入ったものはございましたか？」という投げかけをしてしまうと、「気に入ったものがあれば教えてください。別になくてもかまいませんよ」という聞き方をしていることになります。このとき万が一「ありません」などと答えられてしまうと、次の展開がかなり難しくなります。

ここでは「この中ではどれがよろしいですか？」と、提案した中から選んでもらうようにしましょう。

ここでもポイントは「ある」「なし」で質問するのではなく、選んでもらうということです。

「気に入ったものがない」場合でも、一番近い案を選んでくれることが多いです。一番近いものがあれば、そこを基準にして、「何が足りていて、何が足りないのか」を、確認しながら話を進めていくことができるようになります。

法則 80

もっと確実に売るために

×売れない人は

お試しいただくこともできますよ

○売れる人は

実際にお試しになりますか？

解説

有形商材を売っている人は、商品の説明を上手にするよりも、実際の商品を見せたり、体感してもらったりしたほうが、成約率が上がります。自動車であれば試乗してもらう、賃貸マンションであれば実際の部屋を見てもらうなどです。ここで勘違いしないでほしいのは、**「体感させるから売れる」のではなく、「興味を持った人に体感させるから売れる確率が上がる」ということです。**

私が電子部品を販売していたときは、常にサンプルを持ち歩き、実物を見せたり、手に取ってもらったりしていました。新製品を開発するときは、実物を見ながら話をすることで改善点を見つけやすくなりました。

セールスパーソンは、なるべく体感してもらうように話を誘導しますが、たまに言葉の投げかけが悪い人を見かけます。

体感させるためには「試すこともできますよ」という投げかけでは弱いです。相手に「試す」「試さない」の対応を委ねていることになります。**「実際にお試しになりますか?」と、体感する前提で話を投げかけるのがベストです。**この投げかけをすると、ほとんどの人が体感してくれるようになります。

☺ OKワード

▽いかがでしたでしょうか？

ストレートすぎず、相手に興味度合いを確認する言葉としては、ベストではないでしょうか。何らかの返答をしてもらえます。

▽どれがよろしいですか？

いくつかの選択肢の中から、興味のある商品やサービスを探る質問です。「興味ある」「興味なし」とは聞いていないので、お客様も答えやすいです。

▽どうします？

次のステップ（価格提示など）に進んでもいいのかどうかを探るには最適です。なるべくはっきりとした意思表示が欲しい場合に使う言葉です。

▽お試しになってみていかがですか？

車を試乗したり、道具を使ってみたりしたあとに、使いやすさを確認します。相手の反応で興味の度合いがわかります。

▽こちらにご興味はございますか？

興味があるかないかをストレートに聞くには、いい言葉です。この質問に対して「興味ない」とはっきり言われると凹む人は、ほかの言い回しにしたほうがいいです。

▽買うか買わないかは別にして

売り込み臭を消し、売ることが前提ではない旨を伝えて、購入後のイメージを聞き出します。と言っても、売り込み臭がゼロになるわけではありません。

▽もし、買ったとしたらどうなりますか？

たとえ話を使って、購入後のイメージを想像してもらいます。手に取ったときのことをイメージしてもらうことで、興味の度合いを探ります。

NGワード

▼何か問題点などはございますか？

お客様が購入を決断できずにいるときに使う言葉です。テストクロージングではなく、クロージングの場面で、不安を解消するために使うフレーズです。

▼お聞きになりたいことはございますか？

お客様が商品やサービスに対して疑問に思っていることを確認する言葉です。購入の興味の度合いを探る言葉ではありません。

▼何かお迷いですか？

お客様が購入を迷っているときに使う言葉です。これもテストクロージングではなく、クロージングの場面で、不安を解消するために使うフレーズです。

▼何でも相談に乗りますよ

相談に乗ったからといって、必ずしも購入してくれるとは限りません。テストクロージングとは分けて考える必要があります。

▼ご不明な点はございますか？

お客様が商品やサービスに対して理解できていない部分を確認する言葉です。購入の興味の度合いを探る言葉ではありません。

▼引っかかっていることはありますか？

クロージングのときに使う言葉です。「引っかかり」は、この時点で消す必要はなく、テストクロージングの場面では、まだ早すぎる言葉です。

▼気に入ったものはございましたか？

質問として悪くありませんが、「気に入ったものがない」と言われる危険性がありますす。確実に、相手の興味を知るには、選択方式にしたほうが安全です。

ロープレ

○未来をイメージさせる良い会話の例

自分「ここまで話をお聞きになっていかがですか？」
お客様「そうですね……」
自分「引っかかっていることがありそうですね」
お客様「そうですね」
自分「ちなみに、このサービスを導入したらどこが良くなりそうですか？」
お客様「○○が便利になりそうです」
自分「ほかにもありますか？」
お客様「△△が変わりますかね」
自分「いいですねえ」

お客様に「この商品やサービスを購入したらどう良くなるか？」を積極的にイメージしてもらいましょう。視点を未来に移動させます。

× 未来をイメージさせない悪い会話の例

自分「ここまで話をお聞きになっていかがですか？」
お客様「そうですね……」
自分「引っかかっていることがありそうですね」
お客様「そうですね」
自分「どこが引っかかっていますか？」
お客様「値段が高いので悩んでいます」
自分「いくらくらいなら購入できそうですか？」
お客様「○○円くらいなら」
自分「上司と相談してみます」

お客様の引かかっている点を解決するのも大切ですが、最後は、値段の話になって価格競争に巻き込まれてしまいます。セールスパーソンは、お客様の現状の悩みや問題を解決するのではなく、商品を購入していただくことで、お客様の悩みや問題を解決させるのが仕事です。

トレーニング方法

家電量販店（ディーラー）などで、値引きができそうか探りを入れてみると、相手の反応がわかるようになります。

〈例1〉
自分「この冷蔵庫いいですね。安くなります？」
相手「買ってくれるなら、店長に相談しますよ」

〈例2〉
自分「この冷蔵庫いいですね。ここから下がりますか？」
相手「他店での見積りがあれば」

第15章

相手を不快にさせずに断るには？

この章のねらい

最近よく聞く「アサーティブ」とは、自分の主張を一方的に述べるのではなく、相手を尊重しながら適切な方法で自己主張をすることです。

セールスパーソンとお客様は、本来であれば対等になるはずですが、どうしても仕事を発注する側のお客様のほうが、立場が強くなってしまいます。そのため、お客様から理不尽な要求をされても、きっぱりと断れないのが現実です。

理不尽な要求を受けたまま、赤字で仕事をしつづけることはできません。赤字とはいわないまでも、特定のお客様に工数をかける時間が長くなり、費用対効果が悪くなっていることもあります。

ここまで仕事に影響が出ていないとしても、「商談が長引いているが、次のアポイントがあるためもう切り上げなければいけない」とか、「仕事以外の食事会やゴルフコンペに誘われたけれど、ほかの予定と重なっているのでお断りしなければならない」などというときがあります。

遠回しに、高い飲食接待を要求してきているのはわかっていながらも、予算がないのでお断りしたいこともあるでしょう。私自身、セールスパーソン時代は大手企業への接待に関しては、本当に頭を悩ませました。

また、女性の方ですと、取引先にしつこく誘われることもあるようです。

セールスパーソン側から、意見を主張することが必要になるときは、どのように相手に伝えるかによって印象が変わってしまうのです。

自己主張の仕方に慣れていないと、つい、感情的な言葉を発してしまいがちです。そうなると、相手の気分を害することもあります。状況によっては、お客様との関係が悪くなり、もしかしたら、仕事がなくなるかもしれません。

相手を不快にさせずに自己主張をする方法を学び、お互いにイヤな気分にならないようにしていきましょう。

では、自己主張をすることすらできない人や、自己主張をするのが苦手な人は、どうしたらいいでしょうか？　そのような人は、この本にある法則を暗記してください。すべてを網羅していませんが、活用できる場面は多いはずです。

法則 81

お客様の話が長いので終わらせたいとき

× 売れない人は

もう2時間経ちましたので、そろそろ

○ 売れる人は

次の予定がありますので、そろそろ

解説

お客様の話が長く、なかなか商談が終わらないことがあります。その場の雰囲気を壊したくないので、営業側から切り上げにくいものです。**特に、セールスパーソンからアポをお願いして商談の時間を取ってもらっている場合は、よけいに気をつかいます。**商談だけではなく、会議がダラダラと長引くこともあります。

短気なセールスパーソンの方は、だんだんイライラしはじめます。たとえば、1時間30分経過しても終わる気配がなく、そのまま2時間が経ってしまったとします。「もういい加減にしてほしい」と思ったとき、出て来る言葉は「もう2時間経ちましたので、そろそろ」ではないでしょうか？

これでは、相手に対して「2時間も経っているんだから、いいかげんに気づいてよ」と言っているようなものです。人によっては、イラッとする場合もあるでしょう。

ここは、相手ではなく「次の予定がありますので、そろそろ」と、次の予定があることを理由にしましょう。

とにかく、相手のせいにしないことです。次の予定があるという事実を、そのまま伝えることです。

法則 82

予定を変えてもらいたいとき

×売れない人は

急に○○が入ってしまったので……

○売れる人は

予定を変えていただけませんか?

解説

お客様と約束していた日に、急用が入ることがあります。新規のお客様、まだ関係が浅いお客様の場合、いきなり予定を変更するのはよくありません。予定の変更をお願いするのは、ある程度、信頼関係が構築できているお客様で、日程を調整できそうな案件に限られます。

皆さんなら、どのように伝えるでしょうか？

正直に「急に○○が入ってしまったので……」と伝えるのが一番いいように思いますが、実は前置きはなしで「予定を変えていただけませんか？」とストレートに伝えてしまったほうが早いです。

理由（急用が入った）を先に話しても、最後に結論（予定を変更したい）を伝えることになります。結論を先に話せば、おのずと理由を聞かれますので、問題ありません。

ただし、予定の変更を依頼するのは、あくまで急用の場合です。あとから入って来た予定のほうが、「儲かりそう」「条件が良さそう」などの理由で、安易に変更しないようにしましょう。

かつて私は、欲を優先してしまい、お客様の信用を失ってしまったことがあります。

法則 **83**

「資料を今日中に送って」と無理を言われたとき

× 売れない人は

何とかやってみます

○ 売れる人は

できる限り努力しますが、最悪いつまでなら大丈夫でしょうか？

解説

時折、お客様から無茶な要求をされることがあります。セールスパーソンであれば、お客様の要求は断りにくいですし、できるだけ対応したいと思うはずです。できるかできないかをきちんと見極めて、回答をしなければなりません。

安易に「やってみます」と答えてしまうのではなく、**努力する姿勢を見せながら、「最悪いつまでなら大丈夫でしょうか?」と聞くことで、お互いに気分を害することなく、調整できるようになります。**

おそらく、物を作る、物を仕入れるなど、物理的に日程が間に合わない、自分ではどうすることもできない場合は、簡単に受け入れることはしないでしょう。

ですが、自分ががんばれば間に合いそうな資料、社内の他部署の誰かに依頼すれば何とかなりそうな資料などは、**厳しいとわかっていても「期待を持たせる返事」をしてしまうことがあります。**

期待を持たせる返事をしてしまうと「できる」と勘違いされます。万が一、資料がある前提で、お客様の社内会議や社内プレゼンの日程を決められてしまったら、大変なことになります。

法則 84

立て込んでいるときに企画書の提出を依頼されたとき

× 売れない人は

今は忙しくてすぐには難しいです

○ 売れる人は

今は立て込んでいますが、○日なら何とか

解説

それほど急ぎではないけれど、自分の仕事が忙しくて、すぐに対応できない場合があります。

無茶な急ぎの要求であれば断ることもできますが、提出まで2〜3日あるような、微妙な要求だと対応の仕方に迷ってしまいます。企画の内容によっては、作成に何日もかかることを忘れてはいけません。

今まで付き合いがあるお客様であれば、「今は忙しくてすぐには難しいです」と、簡単に断るわけにはいきません。**そんなときは、すぐにはできない旨を伝え、代替案を提示します。たとえば、「今は立て込んでいますが、○日なら何とか」という感じで伝えます。**

たとえば、頼まれたのが1日だったとします。2〜3日で企画書を作成するのは難しいが5日ほどあれば何とかなるのであれば、「今は立て込んでいますが、6日の提出なら何とか」「3日の提出は難しいのですが、5日なら何とかできます。いかがでしょうか？」などと回答することができます。

相手の要求を受け入れることができないときは、代替案を提示すると、お互いにイヤな気持ちにならずに済みます。

法則 **85**

何度も無茶な変更依頼が続いてイラッとしたとき

× 売れない人は

これで◯回目ですか……

○ 売れる人は

まとめてご指示いただけると助かります

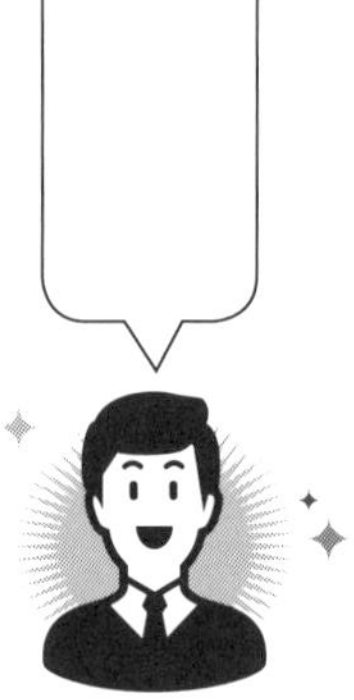

解説

何度も何度も同じことを聞いている人がいます。あるいは、何度も何度も修正や変更の依頼をしてくる人がいます。変更後に上司から指摘があって、再度、変更を依頼してきているケースならガマンできますが、**たいてい、担当者が1回にまとめれば済む話を、思いつきで、都度連絡をしてきていることが原因です。**ですが、相手のほうの立場が強いため、なかなか口に出すことができません。

たいていのセールスパーソンは、どこかでガマンの限界が来て爆発します。お客様との取引規模によるかもしれませんが、私も何度かお客様に強く言ってしまったことがあります。

当然、お互いに気まずくなりました。**感情のおもむくまま相手に言葉をぶつけてはいけないことを学びました。**

そんなときに使う言葉は、「まとめてご指示いただけると助かります」という、少し譲歩した言い方です。このように伝えると、「今後、気をつけます」「すみませんでした」と言っていただき、対応が変わった方もいました。残念ながら、半分くらいは変化がありませんでしたが、そのままガマンしているよりはマシです。

法則 **86**

原価割れの厳しい値引きを要求されたとき

× 売れない人は

すみません。これ以上は下げられません

○ 売れる人は

これが限界です。これ以上は下げられません

解説

お客様から厳しい値引き要求をされることがあります。個人向けでは、一時期のように値引き合戦はしなくなりましたが、比較サイトなどで比べて、ギリギリまで値引きを要求してくる方もいます。法人向けでは、大手企業に多いのですが、何社かで値段を競わせて、値段を下げさせることが行なわれています。

今までの取引状況や今後の取引を考えて、どこまで値引きをするかは、会社の判断になりますが、お客様の言いなりでは、売れば売るほど赤字になってしまいます。

赤字での販売は、避けなければなりません。

セールスパーソンは、値引き要求に対して、相手を不快にさせないよう断らなければなりません。「無理です！」と即答しているようでは相手の印象は悪くなります。

また、「勘弁してください！」「すみません！」というような同情を乞うような言い方では、納得してもらえません。

ここは「限界です！」と、はっきり伝えましょう。さすがに「限界」と言われれば、相手はどうしようもなくなります。

☺OKワード

▽次の予定がありますので

1時間、2時間など、ある程度の時間を確保しても商談が終わらず、次の予定と重なる場合は、予定がある旨を伝えれば問題なく受け入れてもらえます。

▽できる限り努力しますが

無理な要望であっても即答で断るよりは、努力する気持ちを見せたほうが相手も理解を示してくれます。可能性があると勘違いされないような前置きが必要です。

▽今は難しいですが、○日なら

どうしても断らなければならないときは、断ると同時に別の提案をしましょう。自分たちのことを考えてくれているという印象を与えます。

▽最悪、いつまでなら大丈夫でしょうか？

希望納期、希望提出日など、どうしても合わせることが難しい場合があります。あくまで希望日なので、お客様側で少し余裕を持っていることがあります。確認してみましょう。

▽次回はぜひ

お互いの予定が合わなかったりして、断ったり、断られたりしてしまうことがあります。そんなときは、この言葉を使いましょう。

▽これが限界です

「難しいです」「無理です」などと断るよりは、努力した結果「これが限界です」と伝えるほうが、受け入れてもらいやすいです。お客様は、結果だけではなく、努力したかどうかの姿勢も見ています。

NGワード

▼大丈夫だと思います

お客様を安心させたい気持ちから、つい言ってしまう言葉です。相当の自信があるとき以外は、使わないほうがいいでしょう。営業側はあいまいにしているつもりですが、お客様側は確約だと思っています。

▼やってみます

できるかできないかわからない場合に、安易に「やってみます」と言ってはいけません。やってみたら、できないこともあるからです。

▼今忙しくて

忙しいのは、みんな同じです。忙しくて対応できなかったとしても、ストレートに伝えすぎないほうがいいです。

▼これで何回目ですか……

何回も同じことを聞いてくる人、何回も間違える人、何回も遅刻してくる人などに対して、言いたくなる気持ちはわかりますが、ストレートすぎるので言わないほうが無難です。違う言葉に言い換えましょう。

▼もう、○時間も経っていますが

時間が経過しているのは事実かもしれませんが、言われたほうは気分が悪くなります。事実に触れるのではなく、別の理由があるから切り上げたい旨を伝えれば、お互いに気分を害さずに済みます。

▼別の予定が入っており

悪くはない断り方ですが「別の」という言い方がいけません。お客様は、自社を特別に扱ってほしいという願望があるので、並列に並べないようにしましょう。「次の」と直列で表現しましょう。

ロープレ

〈状況〉自分の抱えている仕事で手一杯なのに、明日までに「この企画書を仕上げてほしい」とお客様から急に頼まれました。でも、忙しくて手が回りません。

× 失敗する断り方の例

お客様「急なのですが、この企画書を明日までにお願いできませんか？」
自分「今は忙しくて、ちょっと難しいです」

「なぜ無理なのか」が伝わっておらず、自分勝手だと思われます。

お客様「急なのですが、この企画書を明日までにお願いできませんか？」
自分「はい、わかりました」

何でも引き受けてしまうと、仕事が回らなくなる可能性が高いです。

○うまくいく断り方の例

お客様「急なのですが、この企画書を明日までにお願いできませんか？」
自分「先に、御社の技術部から見積り依頼をいただいており、技術部へ提出する見積りが遅れてしまう可能性があります。いかがいたしましょうか？」

デメリットを明確に伝える必要があります。技術部からの見積り依頼があり、引き受けると、技術部からの見積りが遅れてしまうという理由を伝えます。

このように付け加えるとベストです。

お客様「急なのですが、この企画書を明日までにお願いできませんか？」
自分「御社の技術部から見積り依頼をいただいており、対応が厳しいです。今日はできませんが、明日なら取りかかれます。ちなみに、どんな内容でしょうか？」

できること／できないことを明確にして、代替案を出しましょう。「今日はできませんが、明日なら取りかかれます」といった代替案を出すのがベストです。

トレーニング方法

社内の長い会議で、上司や先輩に進言してみましょう。

自分「○○課長、△△時から外出しなければならないので、失礼してもよろしいでしょうか？」

課長「うん、わかった」

このように、次の予定がある旨をきちんと示すことで、相手は引き留めることができなくなります。

第16章

クロージングをして契約してもらう

この章のねらい

クロージングは、商品やサービスを買ってもらうために、なくてはならない最終工程です。

クロージングがうまい人と下手な人では、成約率に大きく差がついてしまいます。クロージングは、商品やサービスを購入してもらうために「あとひと押し」する作業のため、商談の最後に行ないます。

どれだけ納得のいく説明をして買う気にさせても、クロージングが弱いと「考えます」と言われ、他社に契約を取られてしまうことになります。逆に、クロージングがうまいと、買わないつもりだったお客様が急に「買います！」「あなたにまかせます！」「あなたを信じます！」などと言い出すこともあります。逆転が可能な工程でもあります。

ただ、**クロージングだけですべてが決まるのではなく、お客様との信頼関係や**

提案のタイミング、説明やプレゼンのうまさなど前工程も大切だということは付け加えておきます。

実力主義の会社で働くセールスパーソンの中には、購入してもらえるまで帰らずに粘ったり、断る逃げ道を塞いだりして強引に契約をさせてしまう人もいますが、あとからクレームになる確率が高いです。

お客様と長く付き合っていく法人営業では、強引なクロージングは厳禁です。

ごく自然な感じで少しだけ強めに念押しをして、契約してもらうのが理想です。今だけを考えないようにしましょう。

実は私自身はクロージングが非常に苦手です。面と向かって「買ってくださ い！」と言えないのです。クロージングが弱いと、契約できるお客様を逃してしまいます。そのため、言葉の伝え方を一生懸命に研究しました。

お客様に対して「買ってください！」とストレートに要求するのではなく、遠回しに「買ってください！」と要求する言葉です。ちょっとした言い方の違いで、お客様が買ってくださったり買わなかったりすることがわかりました。

この章では、契約してもらうために有効なひと言について学びます。

法則 87

クロージングの最後のひと言

×売れない人は

契約していただけませんか？

○売れる人は

ぜひ一緒にやりましょう！

解説

クロージングの最後のひと言は、「勢い良く」「少し強気」に、相手に言葉を投げかけたほうがいいです。

クロージングの段階に来ているということは、多少なりとも相手が興味を示しているのは確かです。その気が失せないよう、自然な流れのまま契約まで持っていく必要があります。

「契約していただけませんか？」とそのままリクエストしているのはいいのですが、言葉に勢いが感じられません。

どうせなら「ぜひ一緒にやりましょう！」と、少し調子がいい言葉のほうが、自然な流れを壊さずに済みます。

この言葉は、出版コンサルやSNSコンサルに申し込む、学習塾やフィットネスクラブに入会する、資格取得講座に申し込むなど、お客様と一緒に何かをしていくときに使いやすい言葉です。

このほかにもITサービスやコピー機の導入など、長年お付き合いをしていく商材のときにも、効果がある言葉です。

クロージングは、買ってもらおうとする作業ではなく、相手の背中を押す作業だと覚えておいてください。

法則 88

契約していただくときの言葉

×売れない人は

契約していただけませんか?

○売れる人は

契約書にサインをお願いできますか?

解説

クロージングがうまくいき、契約書にサインをいただく段階に来たとします。そこで投げかける言葉が悪いと、まれに保留にされてしまうことがあります。かつて私も痛い目にあったことがあります。

「契約していただく」という言葉と、「契約書にサインをいただく」という言葉は、意味が違います。「契約していただく」という流れの中に、「契約書にサインをいただく」という小さな作業があります。**クロージングの重要場面では、相手が具体的にアクションを起こしやすい言葉に変換して、伝える必要があります。**

「契約していただけませんか？」という言葉では、具体的に何をすればいいのかわかりません。「その場で書類にサインをする？」「あとから契約書が送られて来る？」「口頭だけでいい？」など、よけいなことを考えてしまいます。その流れで「本当に契約していいのかな？」「何か聞き逃していないか」など不安にさせてしまうのです。

ここでは「契約書にサインをしてください！」と、行動をはっきり示してあげることです。よけいなことを考える時間を与えることなく、契約を結びます。

法則 89

最終確認をするとき

× 売れない人は

これで進めますね！

○ 売れる人は

値段は○○、納期は○○でよろしかったですね？

解説

お客様に商品やサービスの受注を確約していただいたとき、「これで進めますね！」などと、次に進める旨を伝えるかと思いますが、私からすると少し物足りません。

たとえば、受注をいただいた製品を生産する製造業でしたら、「型番」「納期」「価格」「数量」「納入方法」「正式発注の時期」など、お互いに認識していることが食い違っていることがよくあります。お互いに認識が合っているか、きちんと確認をしておきたいものです。

「値段は○○、納期は○○でよろしかったですね？」と確認する作業は、実は、別のところにもメリットがあります。

ファミレスへ行ったとき、店員さんが、注文を繰り返す姿を思い出してください。**注文した商品が合っているかどうかを確認するとともに、お客様から「はい（間違いありません）」を引き出しているのです。一度「はい（間違いありません）」と言った手前、間違えて注文していたとしても、文句を言いにくいのです。**

お客様に念押しの確認をして「はい（間違いありません）」を引き出してから、次に進めましょう。受注後の防衛策にもなります。

法則 90

あとひと押しでうまくいかせるには?

× 売れない人は

うちで決めてください!

○ 売れる人は

ご購入に際し、何か問題などがございますか?

解説

「購入に迷いがありそうだけど、あとひと押しすれば買ってくれそう！」という場面は、よくあります。そんなときに、「うちで決めてください！」「購入してください！」という言葉で、お客様の背中を押しているセールスパーソンは多いのではないでしょうか？

お客様がすぐに「購入します！」とならないということは、何らかの不安材料があって迷っているのでしょう。即決する性格の人もいますし、考え抜いてから決断する人もいます。性格の違いはあるにせよ、不安材料を持ったまま契約させてしまうと、あとから都合の悪いことが起こります。直接、クレームを言われなかったとしても、知り合いや同業者に悪いうわさを流されることがあったりします。

契約を急ぐ気持ちもわかりますが、ぐっとこらえて、まずはお客様の気になっていることを解決してあげましょう。

個人向けであれば「妻（夫）に反対されている」「分割払いにできないか」とか、法人向けであれば「実は、上司が渋っている」「社長が前向きではない」などのケースがあります。

不安材料を把握して、クリアにしていく姿勢が必要です。

法則 91

お客様を逃したくないとき

× 売れない人は

ほかと比べ終わったら教えてください！

○ 売れる人は

決める前に、もう一度お会いしませんか？

解説

人の印象に残るのは、最初と最後です。営業していく中で相手の印象に残るのは、最後です。**すべての会社から話を聞き、その中から公平に選ぶ場合でも、最後にお会いして、そこでインパクトを残すことができればかなり有利です。**

たとえば、お客様が4社のセールスパーソンと会うとします。1社目は比較対象がないので、印象に残りやすいです。2社目は、1社目との比較になります。甲乙つけがたい場合を除いて、どちらかが印象に残ります。3社目は、1社目と2社目の勝者との比較になります。最後の4社目は、1社目と2社目の勝者と、3社目を比較して優れているほうとの比較になります。4社目は、3つの会社すべてと比較されるのではなく、1〜3社の勝者と比較されるのです。

中には4社を公平に比べる人もいますが、**人間の心理は会う順番によって比較対象が異なります。**

さらに、4社目は、前の3社の条件を聞き出すことが可能です。細かい条件を聞き出し、その場で、他社よりも圧倒的に優れている条件を出すことで、即決を迫ることも可能なのです。

☺OKワード

▽一緒にやりましょう

あとひと押しするには最適な言葉です。物を買うというよりは、コンサルに申し込む、塾やフィットネスクラブに入会する、資格講座に申し込むなど、一緒に何かをするときに使いやすい言葉です。

▽買ってください

当たり前の言葉なのですが、この言葉が言えない人が多いです。はっきりと気持ちを伝えるだけで、購入してもらえる確率はぐんと上がります。

▽契約書にサインをお願いします

お客様が購入を決断したときは、行動してほしい内容をそのまま伝えます。「契約してほしい」ではあいまいで、「契約書にサインしてほしい」と具体的に伝えます。

▽もし購入したとしたら……

お客様が購入を迷っている場合は、「購入した姿」をイメージさせましょう。ここで良いイメージを描くことができれば、迷いが消えることがあります。イメージさせたあとに、もうひと押しします。

▽何か問題などはございますか？

お客様が購入するときに障害となっていることを出してもらいます。その障害をすべて解決してあげれば、断る理由がなくなるからです。

▽もう一度お会いしませんか？

競合他社からひと通り話を聞いたあとに、決断しようとしているお客様に使います。最初に会うより、最後に会ったほうが、成約できる確率が上がります。なるべく、一番最後に商談できるように仕向けます。

NGワード

▼ご検討ください

後日、セールスパーソンから催促をすると断られるか、連絡が来ないかのどちらかです。一部の法人営業を除き、買う気があるのであれば、その場で、即決を迫ったほうが契約率も上がり、お客様もムダな時間を使わずに済みます。

▼お願いします

この言葉だけでは弱いです。あとひと押しが足りません。具体的に「本日契約してほしい」「私から買ってほしい」などと具体的に伝えたほうがいいです。

▼◯◯していただけませんか？

丁寧にお願いしているつもりでしょうが、押しが弱いです。「買ってほしい」のなら、最後は強気に出るべきです。

▼（考えがまとまったら）ご連絡ください

この場から離れると、お客様は考えをまとめることはせず、たいてい忘れてしまいます。次の競合と商談すると、そちらでクロージングされてしまいます。連絡してもらう日を設定し、忘れさせないようにする必要があります。

▼何とかなりませんか？

この言葉が必要ということは、もはや手遅れです。何ともなりません。もっと前に手を打つべきでした。

▼買っていただいたら、○○しますよ

クロージングの最終場面で駆け引きをしても、もう手遅れのことが多いです。迷いに迷っているお客様なら、何らかのサービスを付け加えることで成約できることはありますが……。

ロープレ

どれだけ新規開拓をがんばっても、どれだけ商品説明をがんばっても、クロージングが弱いと契約まで持っていくことができません。非常に重要なパートです。「成約してもらう」という気持ちが重要です。

○必ず刈り取りができる会話の例

自分「今回のシステム導入、契約はいつ頃になりますでしょうか？」
お客様「社内で最終確認をして選定したいと思います」
自分「ありがとうございます。社内確認の結果はいつわかりますでしょうか？」
お客様「今週中には連絡できると思います」
自分「金曜日までに連絡がなければ、確認の連絡をさせていただきますね」
お客様「よろしくお願いします」

契約するかどうかのクロージング場面では、必ず成約の可否を確認する必要があります。回答期日を設けましょう。特に、個人向け営業では、最後の詰めが甘いと逃げられます。その場で即決できなければ、回答期日を決めて必ず連絡をもらうようにしましょう。

×あいまいにして逃げられる会話の例

自分「今回のシステム導入、契約はいつ頃になりますでしょうか？」
お客様「社内で最終確認をして選定したいと思います」
自分「ありがとうございます。では、ご連絡をお待ちしております」
お客様「よろしくお願いします」

ただ連絡を待っているだけではいけません。法人でも、金額が小さく社長のひと声で決まる場合などは連絡が来ないことがあります。最後の最後で、押しの強い他社のセールスパーソンから買うなどということもあります。個人向け営業では、最後の詰めが甘いと、購入をやめられる可能性が高くなります。

トレーニング方法

セミナー（リアル、オンライン）のイベントを主催し、知り合いに声をかけて参加者を誘ってみましょう。誘い方によっては、断られたり、参加してくれたりします。集客するために「参加します！」をもらう訓練をすると、クロージングが上手になります。

「参加してほしい！」とはっきり要望を伝えることも大切ですが、参加するメリットなども付け加えると、参加してもらえる確率が上がります。

自分「もしよかったら、今度、○○のセミナーに来てくれないかな？」
←
自分「ツイッターを始めたばかりなんだってね。○○のセミナーに来ると、いろいろな人に会えるからフォロワーが増えるよ。少し顔を出してみない？」

第17章

販売後（セミナー後）も関係を続けたいときは？

この章のねらい

「1：5の法則」と「5：25の法則」をご存じでしょうか？

「1：5の法則」は、「新規顧客に販売するコストは、既存顧客に販売するコストの5倍かかる」という法則です。「5：25の法則」は、「顧客離れを5パーセント改善すれば、利益率が25パーセント改善される」という法則です。

この2つの法則から、販売したあとの関係構築に力を入れなければならないことがわかります。

初期段階では新規開拓が必要であっても、そのあとは、購入していただいたお客様を大切にして、取引を継続させなければなりません。お客様と良好な関係を保ちつづけることが、商売成功の秘訣なのです。

個人向けの自動車、リフォーム、保険などのように、すぐに次の需要が生まれにくい分野もありますが、既存のお客様を大切にすることで紹介が発生したり、数年後に切り替えの需要が出て来たりします。

特に法人向け営業は、長期間にわたって取引を続けることが多いので、なるべくお客様と接点を持ちつづけることを考えなければなりません。取引が1回で終わらないように工夫をします。

私が研修やコンサルなどで指導しているクライアント様を見ていると、売上が下がるとすぐ「新規開拓が足りない！」みたいなことをおっしゃいます。

果たしてそうでしょうか？

私の視点から見ていると、既存取引先に、まだまだ需要があるにもかかわらず、それがまったく見えていないように感じます。**完全に新規取引先を探すよりは、既存取引先の他部署を攻略したほうが確実です。ある程度の企業規模であれば、需要は必ずあるはずです。**

せっかく関係が構築できたお客様に対して、何もしないのはもったいないです。「アフターフォローをする」というスタンスで連絡すれば、冷たくあしらわれることはありません。1回切りの取引で終わりにせず、何らかのアクションをとりつづけましょう。

法則 92

定期的に訪問したいとき

✕ 売れない人は

久しぶりに訪問させてください

○ 売れる人は

購入後の状況をお聞かせください

解説

取引を継続するには、お客様を定期的に訪問するしかありません。これが、なかなか難しいと感じるセールスパーソンは多いようです。

一般的には、仲の良い担当者がいるか、今すぐ売上が計算できる会社でないと、通わなくなってしまいます。

セールスパーソンの中には、「売ったら最後でそのあとは一切通わない。次に通うときは、何かを売りたいとき」という自分勝手な人もいます。私が取引しているお客様は、このようなセールスパーソンに対して、いつもグチを言っています。

将来的に、ある程度の売上が見込めるのであれば、セールスパーソンは定期的な訪問を意識しなければなりません。

せっかく、一度でも購入してくれたお客様であれば、「購入後どうだったか？」「商品やサービスを使用してみて感じたことはないか？」などの感想を聞いてみましょう。お客様に訪問を断られることは、ほとんどないはずです。感想を聞くことで、今後の戦略が立てやすくなります。

購入してから、期間が空いてしまうと熱が冷め、お互いに忘れてしまいます。なるべく、お互いが意識しているうちに、訪問するようにしましょう。

法則 93

疎遠になったお客様に連絡するとき

× 売れない人は

お元気かなと思いまして

○ 売れる人は

今度○○方面に行きますので

解説

以前、取引をしていたけれど、それほど大きな売上にはつながらず、今は疎遠になってしまったお客様は多いのではないでしょうか？　セールスパーソンの売上が落ちてきたり、営業の訪問先がなくなってきたりすると、急に過去のお客様が気になりだします。遠方のため、なかなか訪問できなくなり、疎遠になったお客様もいるでしょう。

そんなとき、「お元気かなと思いまして」「久しぶりにうかがいたいと思いまして」と言って連絡する人は、もう少し工夫しましょう。

旧知の間柄であれば、それほど冷たくあしらわれることはないでしょう。ですが、これらの言葉は、気持ちを伝えているだけで、会うための絶対条件ではありません。

「今度○○方面に行きますので、少しお時間いただけませんか？」と、そちら方面に行くことを伝えれば、よほど嫌われているのでなければ、先方はなかなか断りにくいものです。効率は良くありませんが、私は特定のお客様に会うためだけに、「○○方面」に行ったことが何度もあります。**ただし、会社の規模が大きいお客様の場合は、「新製品を紹介したい」など、会うための理由をつけてアポを取ったほうが無難です。**

法則 94

「カタログを送って」とアポを断られたとき

✕ 売れない人は

お時間をいただくのは難しいですかね……

○ 売れる人は

お時間を取らせませんので

解説

セールスパーソンが、カタログ、パンフレット、サービス案内などを理由にアポを取ることは、よくあります。

新規開拓や、関係が浅いお客様であれば、これだけでアポを取るのは難しいかもしれません。**一度でも取引があったお客様であれば、冷たくあしらわれることはないはずです。**

今は、人員が減りお客様も忙しいです。しばらく連絡を取り合っていない関係だと、忙しくて時間を取ってもらえなかったり、会うのも面倒がられたりして「カタログを送ってください！」と、あしらわれることがあります。

そこで「はい、わかりました！」と返事をしているようでは、営業成績はいつまでたっても上がりません。そのため、多くのセールスパーソンは、切り返しトークで粘ります。

ここでは、お客様に「時間をいただこう」とがんばるのではなく、「時間は取らせない」とちょっと視点をずらした回答をする必要があります。

「最悪、資料を手渡しするだけで帰るのでも仕方がない」くらいの気持ちがあれば、会える可能性はかなり高まります。

法則 95

セミナー後に訪問したいとき

✕ 売れない人は

セミナー後の状況を教えてください

○ 売れる人は

セミナーのご感想をお聞かせください

解説

セミナーを開催して集客し、そのお客様にアプローチする方法は、とても効果的です。オンラインセミナーであっても同じです。もったいないことに、せっかく参加してくれたお客様にちゃんとアプローチをしない企業が多すぎます。

なぜなら、セミナーに参加した時点で、多少なりとも興味を持っているからです。中には、だいぶ時間が経過してからアクションを起こす会社もありますが、すでに参加者の気持ちが離れており何の成果にもつながりません。

参加してくれた人すべてではなくても、アンケートで反応が良かった人、名刺交換ができた人には、後日、話をする機会を作るようにしましょう。

「セミナーに参加した人であれば、すぐに何らかの成果が出ているはず」などと、勘違いしてはいけません。数時間のセミナーに1回参加しただけで成果が大きく変わるなら、皆さんが変わっているはずです。

「セミナー後の状況や成果」を確認するのではなく、「セミナーの感想」を聞かせてもらうのです。セミナーの感想を聞くだけなら、多くの人が受け入れてくれます。

☺ OKワード

▽感想を教えてください

セミナーやイベント参加者に、感想を聞きに行きましょう。このとき、決して売り込もうとしないでください。

▽購入後の状況を教えてください

商品やサービスを売ったあとには、必ず状況を聞きに行きましょう。売ったら、その後訪問しないセールスパーソンが多いので、これだけで差をつけられます。

▽お時間を取らせませんので

関係が浅いと、お客様はセールスパーソンに会う時間を作ることをイヤがります。時間を取らせないことを伝えて、会う機会を作りましょう。

▽5分だけお時間をください

時間を使いたくなさそうな相手には、「5分だけ」などと、いただく時間をはっきり示しましょう。立ち話なら「1分だけ」、少しだけ話すなら「5分だけ」、少し打ち合わせをするなら「10分だけ」という感じでしょうか。

▽○○方面に行くので

遠方のお客様で、お客様との信頼関係が少しでもあれば、ぜひ、使ってみましょう。ただし、超大手企業の場合は、会うための理由が必要になります。

▽新商品を紹介させてください

1回でも取引をしたり、セミナーに参加したりした相手であれば、新しい商品に興味を持ってくれます。アポが取りやすいです。新商品が出たタイミングで、たくさんのお客様を訪問しましょう。

NGワード

▼訪問させてください

これだけでは、訪問する理由になっていません。何十年も前のセールスパーソンがよく使っていた言葉です。その頃は、理由はあとづけで良かったようです。

▼○○は難しいですか？

自分からマイナスな言葉を使って、断りやすい状況を作ってしまう言葉です。「できますでしょうか？」「可能でしょうか？」という前向きな言葉で問いかける必要があります。

▼カタログをお送りしたいのですが

何もしないよりは、カタログを送るなりして、接点を持ったほうがいいです。しかし、送るだけでは効果が薄いので、持って行くことを考えましょう。

▼ご紹介したい商品（サービス）があります

商品やサービスを販売したあと、状況を確認するなどの接点を持つことなく、いきなり次の商品やサービスを販売しようとするのは、やめましょう。売りたいときだけに会いに来るセールスパーソンは嫌われます。

▼お元気かなと思いまして

個人的に接点がある人にしか使えません。プライベートであれば効果的ですが、ビジネスでは通じなくなってきました。

▼久しぶりなので

仲の良い間柄であれば、久しぶりでも会ってくれます。そうでない場合は、きちんとした理由がないと、難しいでしょう。昭和・平成の時代なら何とかなりましたが、令和の時代では通用しなくなりました。

ロープレ

○製品購入後に訪問したいとき、良いアポの取り方

自分「採用向けの診断テスト（適性検査）を使用してみて、その後いかがでしょうか？」
お客様「特に、問題ありませんよ」
自分「もしよろしければ、使用してみての感想をおうかがいできませんでしょうか？社内でフィードバックをしてさらに精度を高めていきたいと思っております」
お客様「今、忙しくてあまり時間が取れないのですよ」
自分「時間は取らせませんので」
お客様「わかりました。少しだけなら」

売って終わりでは、次のタイミングで他社に切り替えられてしまいます。そのあとの感想をうかがうなどして、接点を持ちつづけましょう。感想をいただくことで、「より良い製品を作りたい」という旨を伝えれば、協力してくれるはずです。

×製品購入後に訪問したいとき、悪いアポの取り方

自分「採用向けの診断テスト（適性検査）の導入では、お世話になりました」
お客様「その節は、ありがとうございました」
自分「久しぶりにおうかがいできませんでしょうか？」
お客様「何か用件でも？」
自分「特にそういうわけでは」
お客様「今、忙しくてあまり時間が取れないのですよ」
自分「お時間をいただくのは、難しいですかね？」
お客様「ちょっと厳しいかな」
自分「また、改めさせていただきます」

会う用件がはっきりしていないので、前向きに対応してもらえません。重要な案件ではないと思われてしまう可能性があります。元々、取引関係にあるので、きちんと用件を伝えれば、断られることは少ないはずです。

トレーニング方法

最近、疎遠になっている友人、知り合いに連絡して誘ってみると、練習になります。関係が浅い人には、何らかの用件があったほうが誘いやすいです。

○比較的仲が良かった場合

自分「久しぶり。元気かと思って」

相手「元気にしているよ」

自分「近況報告がてら、食事でもどうかなと思って」

○そんなに仲が良い訳ではないが、知り合いの場合

自分「ご無沙汰しております」

相手「ご無沙汰ですね。元気にしていますか？」

自分「元気ですよ。実は、お聞きしたいことがあって、お茶のお誘いをしました」

第18章

クレーム発生時の対応をする

この章のねらい

「グッドマンの法則」をご存じでしょうか？　クレーム対応と再購入決定率の間に相関関係があることを示した法則のことです。どちらかというと、販売に当てはまる法則ですが、営業にも活用できます。

第1法則から第3法則までありますが、私が注目するのは**第2法則の「苦情処理（対応）に不満を抱いた顧客の非好意的な口コミは、満足した顧客の好意的な口コミに比較して、2倍も強く影響を与える」というものです。**

これを個人営業に置き換えると、苦情処理に不満を持ったお客様は、悪い話をネットに書き込んだり、知り合いに話したりします。すぐに広がります。ネットで悪い書き込みを見た人は、他社に乗り換える人もいるでしょう。あるいは購入を考えたとき、その口コミを思い出して購入を躊躇する人も出て来ます。

法人営業では、同じ会社内のほかの人（他部署）に伝播します。

かつて私が体験したことです。ある超大手企業の子会社で採用を決めていただいていた商品が、親会社の反対にあい、年間売上3000万円を失ったことがあります。

私が働いていた会社の別部署の人が、親会社に対してひどいクレーム対応をしてしまったことが原因でした。このように、悪い話はすぐに広まります。

仮に、日頃から良い対応をしていたとしても、たった1回のまずい対応のほうが目立ってしまいます。

クレームへの対応が悪いと一気に信用を失います。逆に、クレームへの対応が良いと信用が高まります。

私は、このクレーム対応を上手にこなしたおかげで、かなり多くのお客様から信用を得ることができました。普段では会えない上層部の方でも、クレーム対応になると簡単に会えたりします。クレームのときは、営業しているときより、お客様と話す機会が増えるので距離が近くなります。

実は、クレーム対応はチャンスなのです。この章では、クレーム対応を逆手に取って、お客様から信用を勝ち取る「言い方」を学びましょう。

法則 96

お客様から緊急の呼び出しがあったとき

× 売れない人は

今日は難しいので明日になります！

○ 売れる人は

予定を調整してすぐにうかがいます！

解説

お客様から入るクレームにも、レベルがあります。**レベルが小さいからといってぞんざいに扱ってはいけません。今後の取引に影響します。ケースによっては、取引中止となってしまうこともありますので、すぐにうかがう姿勢を見せましょう。**

某銀行システムがダウンしたニュースがありました。ATMを利用するお客様に責任を取るのは銀行ですが、問題はシステムを納品した会社にあったりします。そのシステムを納品した会社と取引をした、下請け会社のミスであることも多く、これらに関係した会社は、いつ呼び出しがかかるかわかりません。

ここまで大きなクレームでなくても「リフォーム工事中に問題が起きた」「販売した住宅で問題があった」「外注先が個人情報を悪用した」「きちんと説明を受けていないものを契約させられた」など、身近に起こる問題は数えきれません。

「担当営業が忙しくてどうしても対応できない」「遠方に出張しているので、すぐに行くことができない」など、さまざまな理由があるかもしれませんが、**できる限り迅速に対応する姿勢を見せましょう。**

法則 97

お客様から怒りの連絡が来たとき

×売れない人は

そう言われましても……

○売れる人は

申し訳ありません！

解説

これまで多くのできないセールスパーソンを身近で見てきましたが、ほとんどが、お客様からの怒りの電話に対して「そう言われましても……」などと言い訳をしています。言い訳をして、穏便に済んだケースを見たことがありません。**自分に責任がない場合もありますが、販売した側としては責任があるのです。**自分自身のプライドを保ちたい気持ちはわかりますが、さらに悪化するだけです。

一番最初に「申し訳ありません！」と謝ってしまうのがベストです。感情的になっているお客様に対して感情的に返すと、怒りはさらにヒートアップしてしまいます。**まずは丁寧に謝り、そのあとお客様の気持ちが落ち着いてから、怒っている理由をきちんと聞き取りましょう。**

たとえば、お客様によっては、購入した商品が壊れたなどの不具合に怒っているのではなく、他社を断ってまで、そのセールスパーソンの言葉を信用して購入したことに怒っていたりします。

不具合が起こるのは仕方ないが、不具合が起こったときの対処が悪かったことに、怒っていたりします。

怒りの原因を探ることが先決です。

法則 98

不具合への対応を迫られているとき

× 売れない人は

現在、状況を確認しております

○ 売れる人は

いつ代替品を用意できるか確認しております

解説

不具合への対応時、状況を確認するのは当たり前です。**お客様が知りたいのは、「この先どうなるのか？」という部分です。安心材料が欲しいのです。**具体的に「何をしてくれるのか？」までを示すことで、お客様を安心させることができます。

不具合は、セールスパーソン以外の誰かのミスによるところが大きいため、つい他人事になりがちですが、それではいけません。

形があるものであれば、「修理からいつ戻るのか？」「いつ交換してくれるのか？」「いつデザインを修正してくれるのか？」などの時期を示す必要があります。

私があるリフォーム会社の営業活動に指導していたとき、このような話がありました。家やマンションを修理するときは、必ず騒音が出ます。近所の住民は、現場監督（営業兼監督の場合も）の対応が悪いと怒り、かなりモメるようです。一見、騒音に対して怒っているように思えますが、根本的な原因は別のところにあるようです。「いつになったら終わるのか？」「いつまでガマンしなければいけないのか？」「何時まで工事をやるのか？」という終わりの見えない部分に怒っているのです。

法則 99

自分や自社に非がないとき

× 売れない人は

ご意見はよくわかります。ただ……

○ 売れる人は

ご意見はよくわかります。このような場合は……

解説

デキるセールスパーソンの中には、「自分（自社）に非があるかどうかわからない段階では、絶対に謝らない」と言う人がいます。でも、そのあとの対応がとても上手です。私は、自分に非があるかどうかわからなくても、相手に迷惑をかけたのであれば、迷惑をかけたことに対して謝るようにしています。**どちらにしても重要なのは、そのときの言葉がけです。**

例文にもあるように、言葉を受け止めたあとに付け加える言葉によって意味合いが変わってきます。

たとえ自分に非がなくても「ただ」という接続詞を使うと、言い訳をしているように聞こえてしまいます。私自身、営業経験が浅かったときに、「ただ……」という言葉を使ってしまい、お客様に「言い訳するな！」と叱られたことがあります。

一般論として「このような場合は、○○になることが多いです」のように伝えたほうが、角が立ちません。

怒っている相手に刺激を与えないために、お客様を主語にする会話を避け、お客様に対して言っていると思わせないことです。お客様自身に気づいてもらうしかないのです。

法則 100

自社（自分以外の人）の手違いがあり迷惑をかけたとき

×売れない人は

知りませんでした

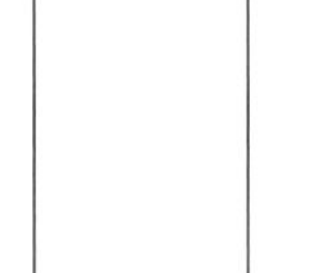

○売れる人は

私の確認不足でした

解説

セールスパーソン自身がミスをした場合は、自分から謝る人がほとんどですが、問題なのは、自分以外の人がミスをした場合です。

たとえば、製品を出荷したとき、「色を間違えた」「数量を間違えた」などは、たまに起こります。出荷担当者が間違えたり、受注数の入力をミスしたりしたことが原因です。印刷会社であれば、デザインを間違えるなどということもあります。**もしかしたら、セールスパーソンの指示の仕方が悪かったかもしれません。**

こんなとき、セールスパーソンは言い訳をしないことです。極論を言えば、セールスパーソンが自分で数量をチェックしたり、デザインのチェックをしたりしてもいいわけです。

たとえば、銀行引き落としの記入用紙に不備があったとしても、管理部門に送る前に、セールスパーソンが打ち合わせの場でチェックをしていれば、事前にミスを防ぐことができるのです。

手違いがあり、お客様に迷惑をかけた場合は、決して「気づきませんでした」「知りませんでした」などと言い訳をしないようにしましょう。「私の確認不足でした」と自分が責任を取ることです。

😊 OKワード

▽ ○日までに○○します

お客様を安心させるためには、時期をはっきりさせることが大切です。交換対応、作り直しなど、少し時間がかかるものは、日程をはっきりさせることが大切です。

▽ ○時までに○○します

電話での折り返しなど、すぐに対応できることは、時間を示しましょう。はっきりしていないからと、あいまいにすればするほど、モメる原因になります。

▽ 確認して連絡します

「確認します」と言ったにもかかわらず、その後、連絡をして来ない人がいます。相手に連絡する旨を伝えたほうが、安心させることができます。

▽状況を教えてください

何か問題があったときは、お客様は怒っています。感情的な人に、感情的になって対応してはいけません。まず現状を確認しましょう。対策はそのあとです。

▽不快な思いをさせて申し訳ございません

「原因がはっきりするまでは謝らない」という人もいますが、不快な思いをさせたことに対しては、原因とは関係なく謝ったほうがいいでしょう。

▽すぐ行きます（おうかがいします）

事故・トラブルが起こったとき、問題が発生したときは、すぐにうかがう旨を伝えましょう。たとえ、今すぐに行けなかったとしても、姿勢は評価されます。

▽すぐ調整します

予定が入っていないヒマなセールスパーソンはいません。そんなことは相手もわかっています。予定を調整する気があるのかないのかが見られています。

NGワード

▼私ではお答えできません

この言葉は、絶対に使ってはいけません。自分で回答できないなら、上司や関係部署に確認してから答えるべきです。

▼上司（関係部署）に確認してみないと

そんなことはお客様にもわかっています。その場から逃げようとするのではなく、自分が確認して回答するという姿勢を見せてください。

▼今は、何とも言えません

今はわからなくても、原因を解明する必要があります。「社内で対応方法を決めて連絡する」など、この先のことを示してください。

▼原因がはっきりしていない以上……

お客様は困っています。そこに寄り添う気持ちは必要です。原因がはっきりしていなくても、やれることはあるはずです。

▼今はうかがえません

今は行けなくても、行けるような努力をする必要があります。即答で、この言葉を使っていたとしたら，セールスパーソンとして問題です。

▼社内ルールで決まっており

社内ルールですべてが決まってしまうなら、セールスパーソンは必要ありません。状況によって、お客様のために社内で交渉することも必要です。

▼そうは言われましても

絶対に使ってはいけない言葉です。感情的になっているお客様に反論する言葉なので、さらにお客様とモメることになります。

ロープレ

○クレーム対応時の良い対応例

お客様「先日、導入したシステム、使い物にならないんだけど」
自分「詳しく状況をお聞かせください」
お客様「1時間で電源が急に切れるから、仕事が止まって困っています」
自分「それは、ご迷惑をおかけしました」
お客様「今すぐ来てくれませんか？」
自分「別件があるのですが、予定を調整してすぐうかがうようにします」
お客様「で、いつになるの？」
自分「30分だけ調整の時間をください。折り返し連絡します」
お客様「わかりました。お待ちします」

これだけの情報では、導入したシステムが原因なのかどうかわかりません。ですが、お客様は困っている状況です。お客様の気持ちに寄り添い、なるべく早めに、原因と解決策を見つける必要があります。ここでの対応が、今後の取引に影響します。

×クレーム対応時の悪い対応例

お客様「先日、導入したシステム、使い物にならないんだけど」
自分「どういうことでしょうか？」
お客様「1時間で電源が急に切れるから、仕事が止まって困っています」
自分「そんな仕様には、なっていないはずなんですが……」
お客様「今すぐ来てくれませんか？」
自分「申し訳ありません。別件があるので、すぐにうかがえません」
お客様「緊急だから何とかならないの？」
自分「急に言われましても……」
お客様「もういいです！　上司の方に代わってください」

現時点でははっきりしていませんが、こちら側は悪くないという態度ではいけません。「なるべく早くうかがうにはどうしたらいいか」を考える必要があります。

トレーニング方法

クレーム対応に慣れるには、なるべく多くのクレームに接するしかありません。まずは、上司に相談して、同僚や先輩のクレーム対応に同行することから始めましょう。うまいクレーム対応、下手なクレーム対応がわかるようになります。

上手なクレーム対応の仕方を、マニュアル化すると社内で共有しやすくなります。

おわりに

日本には「言霊《ことだま》」という言葉があります。

古代の日本人は、言葉には霊力が宿っており、声に出した言葉が、現実の事象に何らかの影響を与えると考えていました。良い言葉を発すると良いことが起こり、悪い言葉を発すると悪いことが起こるということです。

真偽は不明ですが、「ありがとう」と何度も話しかけた水は美しい結晶になり、「バカやろう」と何度も話しかけた水は形の汚い結晶ができると言う人もいるくらいです。

実際に、私たちの日常生活でも、自分が使う言葉によって良いほうに変化したり、悪いほうに変化したりした経験はあるのではないでしょうか。

私たちの発する言葉は、非常に大きな力を持っています。

ほんの少しの違いで、人が動いたり、人が動かなかったりします。さらには、人を勇気づけたり、人を傷つけたりすることもできます。自分自身を奮い立たせるために、前向きな言葉を使う人もいるでしょう。言葉の使い方次第で、人生が決まるといっても過言ではありません。

セールスパーソンは、お客様と言葉を使ってやりとりをすることが必須の職業です。少しでも営業を経験したことがあれば、営業でうまくいった言葉、うまくいかなかった言葉の違いが思い浮かぶのではないでしょうか。

私は普段、営業研修講師、営業コンサルタントとして多くの人を指導をしていますが、セールスパーソンが会社から求められるのは、目標として設定した売上数字と、アポイント数、訪問回数、商談数などの行動面を管理した数字です。

「どのような言葉を使ったからアポが取れた」「どのような言葉を使ったから情報を聞き出せた」「どのような言葉を使ったから受注できた」という言葉の部分は、コールセンターやテレアポをする人など一部の業種を除くと、あまり重要視されていないのが実情です。

私は、ビジネス発展のため、この本で紹介したような「売れる言葉」をもっと共有していくべきだと思っております。売れるセールスパーソンになりたければ、売れるセールスパーソンの言葉を徹底的に真似することが近道なのです。業界によって多少の違いはありますが、「売れる言葉」の幹となる部分は同じです。多くの方たちに、もっと言葉にフォーカスしてほしいのです。

新規取引先にアポを取ること、商品やサービスを売ること、雑談をして信頼関係を深めること、お客様から情報を引き出すこと、既存取引先にリピートしてもらうことなど、すべて言葉が関係しています。「伝え方」や「言いかえ」の本が売れていることからも、言葉づかいのノウハウが必要とされていることがわかります。

「行動してもアポが取れない」「行動しても成約につながらない」など、行動をムダにしないために、あえてセールスパーソンの言葉づかいにフォーカスをしました。これからは、「行動の管理」だけではなく、「言葉の管理」も必要な時代になるのではないでしょうか。

ここで紹介した100の法則は、セールスパーソンにとって武器になるものばかりです。それをどう取り入れ、どう活かすかは、あなた次第です。ぜひ、このスキルを活用して、あなたの営業力を向上させましょう。

最後に、本書の作成にかかわっていただいた数多くの皆さまに心からお礼申し上げます。編集を担当していただいた貝瀬裕一さんには大変お世話になりました。

この本が、皆さんのお役に立てることを心から願っております。

2021年10月　大岩俊之

〈参考文献〉

『よけいなひと言を好かれるセリフに変える言いかえ図鑑』（大野萌子、サンマーク出版）
『できる大人のモノの言い方大全』（話題の達人倶楽部・編集、青春出版社）
『1分で話せ　世界のトップが絶賛した大事なことだけシンプルに伝える技術』（伊藤羊一、SBクリエイティブ）
『無敗営業　チーム戦略　オンラインとリアル ハイブリッドで勝つ』（高橋浩一、日経BP）
『セールス・イズ　科学的に「成果をコントロールする」営業術』（今井晶也、扶桑社）
『インサイドセールス　訪問に頼らず、売上を伸ばす営業組織の強化ガイド』（茂野明彦、翔泳社）
『〈営業サプリ式〉大塚寿の「売れる営業力」養成講座』（大塚寿、日本実業出版社）
『トップセールスが絶対言わない営業の言葉』（渡瀬謙、日本実業出版社）
『3か月でトップセールスになる　質問型営業最強フレーズ50』（青木毅、ダイヤモンド社）
『会社では教えてもらえない　数字を上げる人の営業・セールストークのキホン』（伊庭正康、すばる舎）
『この1冊ですべてわかる　営業の基本』（横山信弘、日本実業出版社）
『〈完全版〉トップ営業マンが使っている　買わせる営業心理術』（菊原智明、明日香出版社）
『心理マーケティング100の法則』（酒井とし夫、日本能率協会マネジメントセンター）
『リモート営業の極意　外資系トップセールスが教える〝会わなくてもバンバン売る〟技術』（財津優、WAVE出版）
『超雑談力　人づきあいがラクになる　誰とでも信頼関係が築ける』（五百田達成、ディスカヴァー・トゥエンティワン）
『この1冊ですべてわかる　新版　コーチングの基本』（鈴木義幸、日本実業出版社）
『図解　コーチング流タイプ分けを知ってアプローチするとうまくいく』（鈴木義幸、ディスカヴァー・トゥエンティワン）
『NLPの基本がわかる本』（山崎啓支、日本能率協会マネジメントセンター）
『仕事ができる人の話し方』（阿隅和美、青春出版社）
『1年目からうまくいく！　セミナー講師　超入門』（大岩俊之、実務教育出版）
『図解　自分の気持ちをきちんと〈伝える〉技術』（平木典子、PHP研究所）
『即買いされる技術　キャッチコピーはウリが9割』（弓削徹、秀和システム）
『一流の人は知っている　ハラスメントの壁』（吉田幸弘、ロングセラーズ）
『接客の一流、二流、三流』（七條千恵美、明日香出版社）

大岩俊之（おおいわ としゆき）

戦略営業コンサルタント
1971年、愛知県生まれ。

中京大学でAI（人工知能）を学び、卒業後ITエンジニアとして就職するが、人と会話することに魅力を感じ、営業職へ転職。電子部品メーカー、半導体商社、パソコンメーカーなどで、家電メーカー、自動車部品メーカー、家電量販店向けの法人営業を経験。売り込んだことがないのに、どの会社でも、必ず前年比150パーセント以上の成績を残す。最高月間売上3億円、200人中1位の売上実績を持つ。

やりたいことで起業しようと、読書法、マインドマップなどの能力開発セミナー講師としてスタート。当初は知名度も人気もなかったものの、講師としての伝え方を徹底的に磨いたことで、営業、交渉、コミュニケーションなどの「呼ばれる講師」として、年間120日以上登壇するようになり、のべ1万人以上に指導した実績を持つ。

著書に『口下手でもトップになれる営業術』（アルファポリス）、『1年目からできる！　セミナー講師超入門』（実務教育出版）など計9冊がある。

●公式サイト　https://ooiwatoshiyuki.com/
●ツイッター　https://twitter.com/kadenbook

売れる言いかえ大全

2021年12月25日　初版発行
2022年 8 月 8 日　2刷発行

著者　大岩俊之
発行者　太田 宏
発行所　フォレスト出版株式会社
〒162-0824　東京都新宿区揚場町2-18　白宝ビル7F
電話　03-5229-5750（営業）
03-5229-5757（編集）
URL　http://www.forestpub.co.jp
印刷・製本　中央精版印刷株式会社

ISBN978-4-86680-156-8　Printed in Japan

強力な心理法則＆テクニックを身につけて
ワンランク上の「売れるセールスパーソン」になる！

著者・大岩俊之さんより

本書で紹介した言葉の使い方をさらにパワーアップさせるための心理法則＆テクニックをまとめた「**ワンランク上のセールスパーソンになるために知っておきたい心理法則＆テクニック20**」の**PDFファイル**を読者の皆さまにご提供します。今日からセールスの現場に使える実践ノウハウが満載です。ぜひともお仕事にご活用ください。

特別プレゼントはこちらから無料ダウンロードできます↓

http://frstp.jp/ureru

※特別プレゼントはWeb上で公開するものであり、小冊子・DVDなどをお送りするものではありません。

※上記無料プレゼントのご提供は予告なく終了となる場合がございます。あらかじめご了承ください。